학교로 내딛는 첫걸음

학교로 내딛는 첫걸음

초등학교 1학년 선생님이 입학을 앞둔
학부모에게 전하고 싶은 모든 것

정석민 지음

초등학교 1학년 자녀를 둔 학부모의 육아원칙 3가지

부모와 함께
시간 보내기

독립성
키우기

학습은
구체물로
하기

좋은땅

목차

머리말 · 8

시작하며 · 11

기본을 다지는 초등학교 1학년 · 16

☑ <첫 번째 주제>
기본 생활 습관 만들기

1) 내 손으로 준비하는 하루 · 20

　가방 속 준비 완료 · 21

　스스로 하는 등교 준비 · 23

　여든 가는 밥상 예절 · 25

　집안일 속 책임 찾기 · 26

　혼자 해결해 보기 · 27

2) 교실에서 배우는 '우리' · 29

　규칙 지키기 · 30

　'나' 표현하기 · 32

　용기 내어 발표하기 · 33

　마음으로 배려하기 · 35

　함께 어울리기 · 36

　갈등 해결의 경험 쌓기 · 38

　나와 너, 그리고 우리 · 40

　상황에 맞춘 예절 · 41

☑ ⟨두 번째 주제⟩

기본 학습 습관 만들기

1) 첫 장을 넘기는 마음 · 50

학습을 시작하는 자세 · 51

집중력과 성실성 · 54

스스로 생각하며 공부하기 · 58

소화 가능한 선행학습 · 59

복습의 마법 · 60

교과서와 친구 되기 · 62

2) 놀이로 만나는 통합교과 · 64

놀면서 배우기 · 64

손끝으로 익히기 · 66

종이로 마음 접기 · 68

배운 것 실천하기 · 69

3) 말과 글 속의 모험, 국어 · 72

한글 깨치기 · 72

유창하게 읽기 · 77

획순에 맞게 글씨 쓰기, 바르게 연필 잡기 · 78

받아쓰기 · 80

일기로 마무리하는 하루 · 81

맞춤법과 띄어쓰기 · 84

독서로 깊어지는 문해력 · 85

배운 것 실천하기 · 91

4) 숫자와 개념 놀이터, 수학 · 93
  손에 닿는 수학 감각 · 95
  수학적 개념 익히기 · 98
  선행학습 바르게 알기 · 100
  수학 문제 풀어 보기 · 104
  사고력 쑥쑥 심화학습 · 112
  문해력과 수학의 만남 · 113
  단원 첫 장 정복하기 · 114

☑ <세 번째 주제>
**학교생활에 관한
그 밖의 것들**

1) 알림장 완전 정복 · 117
2) 편한 옷 입기 · 119
3) 꼭 필요한 학용품 고르기 · 121
4) 교실에서 만나는 다양한 감정 · 122
5) 서로의 마음을 여는 학부모 상담 · 124
6) 교외체험학습 가이드 · 126
7) 학생정서·행동특성검사 · 128
8) 선생님께 배우는 지혜 · 130
9) 방학 보내기 · 132
  학습 점검하기 · 133
  다양한 경험 하기 · 134
  습관 형성하기 · 135

☑ **〈네 번째 주제〉**
학부모로서 부모의 역할

1) 놀이터에서 배우는 지혜 · 139

2) 심심할 틈 만들기 · 143

3) 하교 후 시간 관리 · 146

4) 아이 관심 속으로 · 149

5) 잠으로 채우는 힘 · 152

　매일 정해진 시간에 자는 것 · 153

　충분한 시간 동안 자는 것 · 153

　편안하고 안정된 느낌으로 자는 것 · 154

6) 시시콜콜한 이야기 · 155

7) 미디어 사용 · 157

　사용 시간 관리하기 · 162

　스마트폰 사용 교육하기 · 162

　부모와 소통하기 · 163

8) 사랑과 훈육의 줄다리기 · 165

마무리하며 · 169

　1) 함께 만든 시간 · 169

　2) 독립성 키우기 · 174

　3) 학습은 구체물로 · 175

맺음말 – 아직, 닿지 않은 내일에게 · 177

머리말

　아이가 처음 태어났을 때는 그저 건강하기만 했으면 좋겠다고 생각하지만, 아이를 키우면서 언제 영어를 시작할지, 언제부터 공부를 가르칠지 고민하게 된다. 그러다 보면 각종 교구와 학원에 관심이 생기기 시작하고 뻔한 광고에 마음이 흔들리기도 한다. 저자 또한 아이가 어릴 때 무엇을 어떻게 해야 하나 고민하다가 비싼 교구를 사기도 했다. 그러나 학교에서 아이들을 가르치고 우리 아이를 직접 키우면서, 어린 시절에는 무엇을 배우는 것이 중요한 것이 아니라 아이가 학교 갈 준비를 하는 것, 즉 '바른 생활 습관'을 만드는 것이 더 중요하다는 것을 깨닫게 되었다.

　이 책은 우리 아이가 흔히 말하는 문제를 잘 풀고, 영어를 잘하게 되고 하는 그런 책이 아니다. 또, 어느 학원에 다녀야 하는지 추천하는 책도 아니다. 단지 1학년의 정석, 학교생활의 정석을 담은 글이다. 아이가 학교에 다니는 한, 학교가 생활의 중심이 되어야 한다. 학원에 더 관심을 보이고 학교 외의 것들에 관심을 가지는 아이는 정작 중심이 되어야 할 학교생활은 잘하지 못하는 경우를 많이 봤다.

이 책은 자녀를 또래 아이들과의 학습 경쟁에서 이기게 도와주려는 책이 아니다. 만약 그런 생각으로 책을 읽기 시작했다면 지금 당장 책을 덮어도 좋다. 아이들이 한 사회의 구성원인 어른이 되었을 때 바른 성품을 가진 독립적 인격체로 성장하기 위해 지금 시기에 필요한 연습과 훈련에 대해 이야기하는 책이다. 아이의 전인적 성장, 생활 전반과 학습 전반을 다룬 글이다.

이 책의 내용대로 아이에게 '바른 생활 습관'을 가지게 하고 초등학교 1학년 시절에 '바른 학습 습관'을 잘 형성하여 학교생활을 올바르게 시작한다면, 유명한 학원에 다니지 않고도 또래 아이들보다 자기 주도적으로 학습해 나가는 자녀의 모습을 보게 될 것이라고 저자는 확신할 수 있다. 처음부터 성적 자체를 목표로 삼아 아이를 조급하게 몰아가기보다, 기본을 제대로 쌓아 가다 보면 어느새 실력은 따라오게 되는 것이다.

안타깝게도 요즘 시대는 학원, 사교육, 각종 교육정보가 넘쳐나며 오히려 학부모들의 불안감을 키운다. 몇 달의 선행학습이 일 년, 이 년을 지나 이제는 초등 때 고등학교의 학습을 하는 분위기까지 생겨 버렸다. 정작 지금 나이 때 해야 할 중요한 것은 따로 있는데, 학문을 탐구하는 자세는 온데간데없이 사라지고 지식만 주입식으로 집어넣는 게 공부가 되어 버렸다.

책이 나오기까지 2년이란 시간이 흘렀다. 아이가 초등학교 2학년일 때 육아휴직을 하며 아이가 학교에 가 있는 동안 글을 쓰기 시작했고, 복직 후에도 아이들과 생활하며 보충할 부분을 채워 나갔다. 부디 혼신의 힘을 다해 쓴 글이 앞으로 긴 학교생활을 시작하는 아이들에게 바른 길잡이가 되어 주기를 바란다.

시작하며

'천 리 길도 한 걸음부터'
'세 살 버릇 여든까지 간다'

 초등학교 1학년의 학교생활을 표현하는 말 중 이보다 더 적절한 문구가 있을까? 초등학교 1학년의 시작은 초등학교 생활 전체에 큰 영향을 끼친다. 나아가 고등학교의 생활까지도 좌우할 수 있을 정도라고 생각한다. 이런 초등학교 1학년의 생활은 더 어린 시절로 내려가, 아주 어릴 때부터 쌓아 온 습관들이 모여 결정되기도 한다.

 학교생활의 긴 천 리 길을 막 시작하는 1학년 아이들이 첫걸음을 어떻게 떼야 할지 알려 주고 싶은 마음에 이 책을 쓰게 되었다. 저자는 2020년부터 계속해서 1학년을 맡아 가르치고 있다. 그전에는 고학년을 주로 가르쳤었다. 가끔 1학년 학생들을 볼 때면 책에는 그림밖에 없고, 학교에서 그저 즐겁게 놀다가 가는 학년 정도로만 생각했었다. 지금도 많은 사람에게 1학년은 수업도 일찍 마치고, 배우는 것도 별로 없는 학년으로 생각될지도 모르겠다. 그러나 아이를 낳아 키우고, 1학년 담임 교사를 하게 되면서 1학년이 얼마나 중요한지를 새삼 깨닫게 되었고, 그 매력에 이끌려 지금까지 계속 1학년 담임을 맡고 있다.

초등학교에서 아이들을 가르치며 부모와 아이, 특히 아빠와의 깊은 유대관계가 아이의 성격 형성과 학습에 큰 영향을 끼친다는 사실을 알게 되었다. 그래서 3년의 육아휴직을 쓰며, 아이와 많은 시간을 함께 보내려고 애썼다. 우리 부부는 아이가 태어나서 초등학교 2학년까지 아내가 2년, 저자가 3년의 육아휴직을 써서 총 5년, 출산휴가까지 합하면 6년 가까이 되는 시간을 오롯이 아이와 함께 보냈다. 아침 일찍 아이를 유치원에 맡기고, 오후 늦게 데리러 가야 하는 현실을 피해 보고자 당장 월급을 포기하더라도 누군가는 아이를 일찍 데려갈 수 있도록 쉬면서 살아왔다. '쉼'이라고 표현했지만, 결코 쉼이 되지 않는 휴직 기간이었다. 아이와 다양한 의미 있는 경험을 하려고 노력하면서 많은 추억을 쌓았다. 아이와 시간을 보내며 깊은 유대관계를 맺고, 일상이 주는 행복들도 많이 느낀 시간이었다. 특히, 2019년부터 2022년까지는 보건복지부에서 주관하는 '100인의 아빠단' 활동도 하면서 지역 우수 아빠로 4년 연속 선정되기도 했다. 또, 2023년, 2024년에는 '전국 100인의 아빠단'에서 멘토 아빠로 활동도 하였다.

육아휴직을 1년 남짓할 수 있는 사회 여건 속에서 이렇게 아이와 많은 시간을 함께 보낼 수 있었던 건 정말 감사한 일이다. 그래서 내게 주어진 자리에서 내가 느끼고 깨달았던 많은 것들을 다른 사람들에게 나누고 전하고 싶은 생각이 들었다. 저자가 1학년 담임을 계속 맡게 된 것도 이런 이유 때문이었다.

　아이를 키워 보며 어린 시절이 정말 중요하다는 것을 깨닫게 되었고, 중요한 많은 것들이 어린 시절에 결정된다는 것도 알게 되었다. 그렇게 결정된 것은 다시 돌이키기가 무척 힘들다. 하지만 우리나라에서는 아이가 가장 부모를 필요로 하는 시기에 부모는 한창 커리어를 쌓아야 하는 시기를 맞는다. 아이는 부모의 손이 필요한데, 부모는 일을 쉬기 어려운 현실이다. 이런 안타까운 현실을 피하기 위해서는 어린 자녀를 둔 부모에 대한 처우를 점점 개선해 나가며 우리 사회 모두가 바른 자녀 교육에 힘써야 할 것이다. 초등학교 1학년의 이야기를 하다가 멀리까지 와 버렸다. 그러나 아주 관련 없는 이야기가 아니다. 앞으로 다루게 될 이야기의 첫 번째 주제가 초등학교 1학년 전부터 노력해야 하는 부분들이기 때문이다. 첫 번째 주제에서는 1학년 이전부터 차근히 다져야 할 '기본 생활 습관'에 대해 이야기하고자 한다.

　저자는 아이를 키우며 아이와 유대관계를 단단히 다져 가는 한편,

아이가 어릴 때부터 바른 습관을 키울 수 있도록 꾸준히 노력해 왔다. '세 살 버릇 여든까지 간다'는 속담처럼 기본 생활 습관은 어린 시절부터 가꿔야 한다. 부모가 어린 시절부터 꾸준히 말해 주고 이끌어 주며 부족한 부분을 채워 주어야 하고, 학년이 올라가면 잔소리를 줄이고 옆에서 지켜봐 줄 수 있어야 한다. 저자는 초등학교 1학년을 준비하기 위해, 혹은 1학년 생활을 하면서도 꼭 필요한 이 '기본 생활 습관'을 강조할 것이다.

두 번째 주제에서는 '1학년의 학습'에 대한 이야기를 할 것이다. 저학년은 공부의 기초를 닦는 시기로, 기본 학습 습관을 잘 닦은 아이들은 학년이 올라갈수록 효율적으로 공부를 한다. 그래서 본격적인 학습을 준비하는 1학년 시기에 형성해야 할 '기본 학습 습관'에 대해 이야기를 나눈 다음에, 1학년이 배우게 되는 내용에 대해서도 들여다보고자 한다. 마지막 부분에서는 학부모로서 부모의 역할과 가정에서의 부모 역할을 이야기할 예정이다.

시중에는 육아, 1학년, 초등교육과 관련된 많은 책이 나와 있고 각종 SNS에도 이렇게 하라, 저렇게 하라는 글들이 넘쳐난다. 여러 정보를 접하며 내용을 하나로 정리하고 내 것으로 소화하는 것은 독자들의 몫이다. 아마 많은 전문가와 경험을 가진 사람들이 결국 입을 모아 말하는 공통된 무언가가 있을 것이다. 그것은 정도(正道)이며, 기본을 지키는 길일 것이다. 부디 천 리 길을 한 걸음씩 나아가는 그 길이 올곧은 길이 될 수 있도록 이 글이 도움이 되길 바랄 뿐이다.

기본을 다지는 초등학교 1학년

　요즘은 휴대전화가 없는 삶은 상상하기 힘들지만, 저자가 어렸을 때만 해도 휴대전화라는 것이 없었다. 사회는 급변하고 있고, 앞으로도 더 많이, 더 빨리 변할 것이다. 아이가 어른이 되었을 무렵 우리 사회의 모습은 어떤 모습일까? 정확히 예측할 사람이 과연 있을까? 우리 사회의 모습도, 아이들의 미래 모습도 지금 당장은 예측하기가 쉽지 않을 것이다. 예측할 수 없는 미래의 삶을 준비하고 있는 아이들의 성장을 이렇게 비유해 볼 수 있다. 설계도가 없는 집짓기. 그렇다면 설계도가 없는 집을 지을 때 가장 중요한 것은 무엇일까? 바로 기초를 튼튼하게 하는 것이다. 기초를 잘 다져 놓으면 훗날 흔들리지 않는 집이 완성될 것이고, 아무리 화려하고 멋진 집을 지어도 기초 공사가 튼튼하지 않다면 금세 무너지게 될 것이다. 바로 이 기초에 해당하는 것이 '기본 생활 습관'과 두 번째 주제에서 다루게 될 '기본 학습 습관'이다.

☑ <첫 번째 주제>

기본 생활 습관 만들기

뉴스 기사에서 이런 문구를 본 적이 있다.

'학사 관련 문의는 학부모님이 아닌 본인이 직접 해 주세요.'

이 문구는 한 대학교의 교내 공지에 실린 글이다. 대학생이 되어 성인이 되었음에도 부모가 대신 학사 문의를 하는 상황은 참 안타까운 상황이 아닐 수 없다.

그렇다면 육아의 최종 목표는 무엇일까? 자녀가 성인이 되었을 때 스스로 세상에서 살아가는 힘을 기르는 것이다. 바로 '독립'이다. 지금부터 서서히 독립을 준비한다고 생각하고, 살아가면서 혼자 할 수 있어야 하는 것들을 가르쳐야 한다. 우리는 이러한 것들을 '기본 생활 습관'이라고 부른다.

1학년 학생들을 가르치면서 한글을 떼고, 덧셈과 뺄셈의 연산은 물론, 심지어는 구구단까지 외워 오는 아이들을 많이 보아 왔다. 그러나 정작 이 '기본 생활 습관'을 잘 형성해 온 아이는 그렇게 많이 보지 못했다.

'기본 생활 습관'을 잘 형성하기 위해서는 두 가지가 필요하다. 하나는 내 몸에 익숙하게 배일 정도로 '반복'하는 것과, 두 번째는 '스스로 생각하는 힘'을 기르는 것이다. 반복적으로 행동하며 습관이 되도록 해야 하고, '지금 이것을 이렇게 해야 하는구나.' 하고 스스로 생각하여 행동할 수 있도록 만들어야 한다. 1학년 학교생활을 하며 바른 생활 습관에 대해서 배우게 될 것이다. 아마 유치원에서도 같은 맥락의 것들을 많이 배워 왔을 것이다. 이 '기본 생활 습관'을 가정에서도 반복적으로 실천하며 몸에 배도록 노력해야 한다. 그럼, 지금부터 1학년 학교생활을 들여다보며 1학년 학교생활에 필요한, 아니 육아의 목표인 독립에 꼭 필요하기도 한, 바르게 형성되어야 할 '기본 생활 습관'에 대해 하나씩 알아보기로 하자.

1) 내 손으로 준비하는 하루

　매년 교실 한편에 마련된 '주인을 찾습니다' 바구니에는 주인을 잃은 학용품들이 정말 많이 들어온다. 많은 정도가 아니라 거의 작은 문구점을 차려도 될 만큼 쌓이곤 한다. 1학년 아이들이 자기 물건을 얼마나 잘 챙기지 못하는가를 단적으로 보여 주는 예다. 수업 시간에는 연필이나 지우개를 잃어버려 없다고 선생님께 구하고, 빌린 물건조차 또 잃어버리는 경우가 반복된다. 물건을 쉽게 얻고 잃어버리는 과정을 반복하면서 책임감이 길러지지 못한 탓이다.

　이처럼 책임감이 부족해지는 데에는 가정에서도 영향을 주는 행동이 있다. 1학년 학생들이 하교할 때 흔히 보는 장면 중 하나가, 마중 나온 부모님께 자연스레 책가방과 실내화 가방을 건네는 모습이다. 물론 아직 어린 1학년 학생들에게 책가방이 무거울 수는 있으나, 자기 물건은 스스로 책임지는 습관을 길러 주어야 한다.

학교에서는 자기 물건은 스스로 챙겨야 한다. 책상 서랍, 사물함 정리, 급식판 정리 등 학기 초에 선생님께서 가르쳐 준 것들을 차근히 습관으로 만들어 앞으로도 스스로 해내야 한다. 학교에서 자신의 물건을 잘 챙기고 정리하는 아이들은 대부분 가정에서도 스스로 물건을 치우고 정리하는 습관이 자연스럽게 몸에 배어 있는 경우가 많다.

초등학교 1학년은 웬만한 것은 스스로 하는 시기다. 그러나 요즘 많은 부모가 아이가 스스로 하는 힘을 키워 나갈 기회를 주지 않고, 아이의 매니저 역할을 하곤 한다. 부모에게 의지하면 할수록 아이의 자립심은 떨어지게 되고, 점점 더 부모에게 의지하게 된다. 부모는 아이의 역할을 대신 해 주는 것이 아니라 아이에게 부족한 부분을 알려 주고 도와주는 역할을 해야 한다.

1학년 학생들에게 공부란 결국 '스스로 하는 힘을 기르는 것'이다. 자기 관리와 스스로 정돈하는 것을 배우기 위해 힘써야 할 부분들을 알아보자.

가방 속 준비 완료

스스로 하는 것이 중요하다고 해서 처음부터 "네가 해 봐." 하고 무조건 맡기는 것은 오히려 부담으로 작용할 수 있다. 초등학교에 이제 막 입학한 1학년 아이에게 책가방 정리를 스스로 하라고 시킨다면 어떻게 할 수 있겠는가? 연필은 어떻게 깎아야 하는지, 학교에서 받아 온 안내장들은 어떻게 처리해야 하는지, 물통은 어디에다 넣어야 하는지 등 처음에는 부모가 하나씩 자세히 알려 주어야 한다. 그런 다음에는 아이가 혼자 하는 것을 옆에서 지켜보면서 부족한 부분을 알려 주고, 아이가 스스로 할 수 있도록 용기를 북돋아 주어야 한다. 이렇게 지켜보면서 매일 반복하면 거뜬히 혼자 책가방을 챙길 수 있게 된다. 아래는 가방 정리 습관을 익힐 때 매일 확인하면 좋은 내용들이다. 사소한 것 같이 보이지만, 고학년 교실에 가 보면 이런 기본적인 가방 정리가 습관이 된 학생들을 의외로 찾아보기 힘들다는 것을 알 수 있다. 결국 사소함이 큰 차이를 만든다. 1학년 때부터 꼭 습관을 들이도록 하자.

매일 가방 챙기기

- 매일 깎은 연필 세 자루와 지우개 잘 챙겨서 다니기
- 안내장을 넣을 L자 파일 챙겨 다니기
- '풀' 다 쓰면 새로 사서 가져오기
- 다 쓴 색깔 및 잃어버린 색연필과 사인펜 챙겨서 오기
- 매일 가방을 열어 보고 쓰레기를 꺼내고 깨끗하게 가방 정리하기

스스로 하는 등교 준비

아침에 일어나서 등교 준비를 하는 것도 마찬가지이다. 아직 어려서 아침에 무엇을 어떻게 준비해야 하는지 모른다고 부모가 챙겨 주는 가정들이 많다. 또 아이가 게으름을 피우며 안 한다고 부모가 대신 해 주게 된다는 가정들도 많이 봐왔다. 그러나 밥 먹고, 양치하고, 세수하는 일련의 모든 행동들을 부모가 옆에서 따라다니며 하나하나 해 주다 보면, 언젠가는 부모도 지칠 것이고 아이는 더욱 혼자 하는 힘을 잃어버리게 된다. 이럴 때는 체크리스트를 만들어서 아이가 확인할 수 있게 하는 것도 좋은 방법이다.

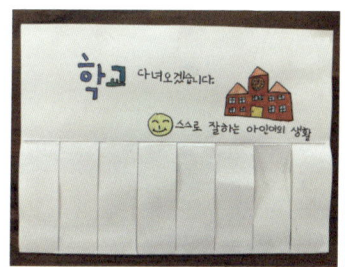 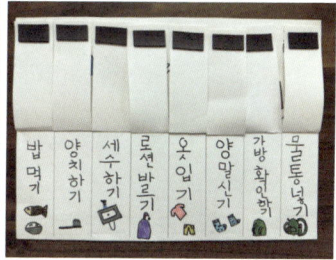

이것은 우리 아이가 1학년 초에 아침 준비하는 습관을 형성하기 위해 만들었던 체크리스트이다. 밥을 먹고 나면 '밥 먹기' 칸을 내리고, 양치를 하고 나면 '양치하기' 칸을 내리면서 스스로 학교 갈 준비를 했다. 이런 식으로 습관을 만들면 나중에는 체크리스트가 없어도 스스로 하는 아이가 되고, 부모 또한 아침마다 아이에게 잔소리를 하지 않아도 된다. 하나씩 칸을 내리며 스스로 할 수 있다는 자신감과 내가 해냈다는 성취감도 함께 느낄 수 있을 것이다. 이 습관은 생활 습관뿐 아니라 이후의 학습 습관과도 이어진다.

 방법은 알고 있지만, 바쁜 아침에 게으름을 피우는 아이를 보며 실천이 어렵다고 생각하는 분들도 있다. 이런 경우에는 타이머, 시계 등을 활용하여 아이들이 시간 안에 준비를 마치게 하는 것도 좋다. 학교에서도 그리기, 만들기, 정리하기 등 여러 가지 활동을 할 때 정해진 시간 안에 해야 하는 경우가 많이 생긴다. 시간 안에 활동을 마무리하는 '시간 개념'을 익히기 위해서도 타이머 사용을 추천하고 싶다.

 습관 형성 초기에는 이렇게 체크리스트로 해야 할 일을 확인하고, 타이머로 시간을 조절하며, 마지막 칭찬 스티커 등으로 외적 동기를 불러일으키는 방법을 함께 사용해도 좋다. 칭찬 스티커를 다 모으면 평소 사고 싶었던 책을 사 주거나, 함께 즐거운 놀이를 하며 시간을 보내는 식으로 보상을 준다. 시간 안에 해야 할 일을 완수하지 못하면 받는 도장도 마련하여, 이 도장을 몇 개 이상 채우면 집안일을 하는 등의 벌칙도 함께 운영하면 좋다.

콜버그의 도덕성 발달이론에 따르면 만 10세 이전 아동의 도덕성은 대부분 전인습적 수준에 머무르는데, 이때는 처벌이나 보상을 주는 권위자의 규칙에 따라 도덕적 판단을 한다고 한다. 이처럼 어릴 때는 적절한 보상과 벌을 통해 외적 동기를 자극하여 습관을 형성하고, 점차 내적 동기로 발전시켜 가는 것이 바람직하다. 처음에는 외적 동기로 행동하는 것처럼 보여도, 결국 아이가 자연스럽게 스스로 습관을 익히도록 이끌어 가는 것이 핵심이다.

여든 가는 밥상 예절

1학년 학부모에게 이런 문의를 받는 경우가 있다.
"아이가 아직 젓가락질이 서툴러서 '교정용 젓가락'을 보내도 될까요?"
1학년 아이들이 아직 젓가락질이 서툰 것은 당연하다. 학교에 따라 짧은 젓가락을 구비하여 사용하게 하는 곳도 있지만, 대부분의 학교에서는 성인용 젓가락을 사용하게 할 것이다. 1학년 학생들은 성인용 젓가락을 쓰기에 아직 손이 작고 서툴 수밖에 없는데, 그렇다고 해서 집에서 따로 준비한 젓가락을 가져와 사용하는 것은 권하지 않는다. 사용하기 어려운 성인용 젓가락을 다루는 것도 학교생활에 적응해 나가는 것 중 하나이고, 스스로 이겨 내야 할 부분이라고 생각한다. 처음에는 젓가락을 포크처럼 찔러서 사용하기도 하고, 숟가락처럼 한꺼번에 잡고 먹기도 하지만, 그러면서 자연스럽게 젓가락질을 배우게 된다. 물론 가정에서 바르게 젓가락질을 할 수 있도록 연습하고 습관을 만들어 온다면 더욱 좋다.

급식을 먹은 후 아이들의 먹고 난 자리만 봐도 그 아이의 가정에서의 생활 모습을 알 수가 있다. 먹은 자리를 휴지로 깔끔히 닦고 정리하는 아이도 있고, 흘린 반찬이 여기저기 떨어져 있을 뿐 아니라 다 먹은 후식, 젓가락, 숟가락까지 그대로 두고 가는 아이도 있다. 집에서도 식사를 준비하거나 정리할 때 아이가 하는 것부터 스스로 하도록 차근차근 가르쳐 보자.

집안일 속 책임 찾기

'가족'을 주제로 수업할 때 집안일에 대해 이야기하는 시간이 있었다. 집안일별로 가족 구성원 중 누가 집안일을 하는가의 내용을 적는 활동이었다. 세상이 많이 바뀌었다곤 하지만 여전히 '엄마'의 집안일 칸은 차고 넘쳐서 적을 공간이 없는 친구들이 많았다.

초등학생이라면 이제는 밥 먹은 뒤 자기 그릇, 숟가락, 젓가락 정도는 설거지통에 넣고, 먹은 자리도 스스로 정리하게끔 가르쳐야 한다. 빨래를 같이 개거나, 갠 빨래를 서랍에 가져다 놓는 일 등도 좋다. 우리 아이는 매주 금요일 학교에서 신는 실내화를 스스로 빨고 있다. 최소한의 집안일에 대한 책임감을 길러 주기 위함이다. 생각보다 어렵지 않다. 매주 금요일, 샤워하기 전에 다 쓴 칫솔에 세제를 묻히고, 쓱쓱 문지른 다음 헹궈 주기만 하면 된다. 실내화 안쪽부터 닦고 나서, 제일 더러운 바닥을 맨 마지막에 닦으면 된다. 부모가 보기에 성에 안 찬다고 "이리 줘 봐!" 하며 박박 문질러 실내화를 하얗게 만들 필요가 없다. 실내화는 어차피 또 더러워진다. 하얀 실내화보다는 아이의 독립심과 자립심, 성취감을 선택하는 것이 훨씬 더 가치 있다.

교실에서도 교실은 아이들이 청소한다. 자기가 생활하는 공간을 스스로 청소하는 것이다. 완벽한 청소를 바라는 것이 아니라 내가 생활하는 공간은 스스로 청소해야 한다는 마음가짐과 책임감, 바르게 청소하는 습관을 형성하기 위한 과정이다.

혼자 해결해 보기

1학년 학생들이 하교할 때 많이 보게 되는 모습 중 또 하나가 부모님께 전화하는 모습이다. 휴대전화를 어릴 때부터 가지게 되고 언제든 통화를 자유롭게 하는 요즘 시대의 아이들 모습이지만, 너무 편리한 세상은 때때로 우리에게 고민하고 문제를 해결할 틈을 주지 않는다. 예컨대 방과 후 교실을 찾아갈 때 어디로 가야 할지 모르면 바로 부모님께 전화한다. 예전에는 아이 스스로 이 교실, 저 교실을 기웃거리기도 하고, 그래도 모르겠으면 주변의 친구들, 선생님께 물어보기도 하며 문제 상황을 스스로 해결하려고 노력했다. 그러나 휴대폰이라는 기계는 스스로 생각해 볼 겨를도 없이 우리에게 가장 빠른 해결책을 제시해 주게 되었다.

저자는 1학년 아이의 휴대폰 사용에 대해서 그리 찬성하지는 않는다. 자기 관리와 휴대폰 사용이 무슨 관련인가 하겠지만, '습관'이 '스스로 생각하는 힘'과 관련이 있고, 스스로 생각하고 문제를 해결하는 힘을 길러 자기 관리를 하는 사람으로 성장하기 위해서는 앞의 문제처럼 휴대폰이 그리 도움이 되지 않는다고 생각한다. 아이를 위한다고 하는 행동들이 오히려 아이의 독립심과 문제해결 능력을 떨어뜨리지는 않는지 한 번쯤 깊이 생각해 볼 문제이다.

2) 교실에서 배우는 '우리'

초등학교 1학년은 아이의 사회성 발달에 중요한 때이다. 그렇다면 1학년 때 형성되어야 할 기본 생활 습관과 사회성은 무슨 연관이 있을까? 사회성을 잘 발달시키기 위해서는 '기본 생활 습관'을 잘 형성해야 한다.

흔히 '사회성'과 '사교성'을 혼동하기도 하지만, 저자가 생각하는 그 둘의 의미는 이런 차이가 있다. 밖에 나가는 것을 좋아하고, 놀이터에서 친구도 금방 사귀는 아이를 보고 우리 아이는 사회성이 잘 발달되고 있겠거니 생각한다. 그러나 그것은 성격이 외향적인, '사교성'이 뛰어난 아이일 수 있다. 사교성이 뛰어난 아이는 학교에서 처음 만나는 다른 친구에게도 쉽게 말을 걸고, 선생님께도 자기 이야기를 잘하는 아이이다. 그러나 '사회성'이 잘 발달되었다고 하는 것은 조금 다른 의미이다. 학교에서 사회성이 뛰어난 아이는 놀이의 규칙을 잘 지키며 수업에 참여하고, 모둠활동이나 토론과 같은 활동을 할 때 모둠 친구에게 양보를 잘하고 배려를 하며 활동을 같이 하는 아이이다.

사회성이 발달한다는 것은 사회화가 이루어진다는 의미이다. 인간으로서 사회화가 제대로 이루어지지 않으면 아이가 성인이 된 후에도 어려움을 겪게 된다. 타인과 협력하지 못해 갈등으로 스트레스를 받게 되거나, 상대방을 배려하고 상호 존중하는 마음과 질서의식 같은 민주시민으로서 갖추어야 할 기본적인 품성을 제대로 갖추지 못하게 된다.

이처럼 중요한 사회성을 키우기 위해 초등학교 1학년 시기에 길러야 할 기본 생활 습관들을 구체적으로 살펴보자.

규칙 지키기

'사회성'을 말할 때 가장 먼저 짚어야 할 것은 '규칙 지키기'이다. 우리가 사는 사회에 법과 규칙이 없다면 어떻게 될까? 도로에 있는 신호등은 어떻게 되고, 범죄 행위에 대한 처벌은 어떻게 될까? 규칙이 없는 사회는 모두가 자유를 누리는 사회가 아니라, 혼란과 무질

서로 가득 찬 사회가 되고 말 것이다. 사회를 유지하는 질서는 정해진 규칙이 있어야 가능하다. 교실 역시 하나의 작은 사회이다. 그 안의 학생들은 사회의 구성원으로서 규칙을 지키며 서로가 자유롭고 안전하게 생활해야 한다. 이를 위해 학교의 규칙을 잘 이해하고 따르는 것이 필요하다.

학교는 유치원과 다르게 수업 시간과 쉬는 시간이 구별되어 있다. 하기 싫지만 해야 하는 과제도 있고, 40분 동안 의자에도 앉아 있어야 한다. 결국 학교에 잘 적응한다는 것은 다른 게 아니라, 아이가 학교의 규칙을 잘 따를 수 있느냐 없느냐의 차이이다. 규칙을 지켜야 하는 이유를 알고, 이에 잘 적응하는 아이들이 사회성이 잘 발달되었다고 할 수 있다. 아이들은 유치원을 다니면서 본격적으로 규칙과 질서를 배우기 시작한다. 이 시기에 배운 것을 가정에서도 잘 실천하고 익혀 온 아이일수록 초등학교 1학년 생활에 쉽게 적응한다.

또, 학교에서는 '실내에서 걸어 다니기'와 같은 규칙을 배운다. 평소 가정에서 실내든 공공장소든 마음껏 뛰어다니고 소리 지르는 것을 부모가 그냥 두었다면, 그 아이가 학교에서 갑자기 바르게 걸어 다닐 수 있을까? '내 마음대로만 할 수는 없구나.', '정해진 규칙을 잘 지켜야 하는 것이구나.'를 깨닫고, 선생님이 알려 준 규칙들을 내재

화하는 아이들은 나중에 하기 싫은 공부도 해야 하는 것으로 잘 받아들이고 학습할 수 있다. 생활 습관과 학습은 이렇게 서로 연결되어 있다.

'나' 표현하기

사회성에서 또 중요한 것은 '자기표현'이다. 여기서 자기표현이란, 어떤 상황에서 필요한 말을 스스로 하는 능력을 말한다. 예를 한번 들어 보겠다. 학생들이 하교한 후 학부모에게 이런 연락이 종종 오곤 한다.

"친구가 우리 아이에게 나쁜 말과 행동을 했다고 하는데 너무 속상해요."

그러면 저자는, 내일 아이들이 학교에 오면 아이의 속상한 마음을 알아주고 무슨 일이 있었는지 확인해 보겠다고 대답한다. 다음 날 아이들을 불러 어떤 일들이 있었는지 알아보고, 잘못이 무엇인지 이야기한 다음 화해하게 한다. 그러면서 꼭 덧붙이는 말이 있다. 친구가 듣기 싫은 말이나 행동을 하면 "하지 마!"라고 스스로 표현해야 하고 그래도 해결되지 않으면 선생님께 직접 이야기하라고 말이다.

친구가 나에게 내가 들어주기 싫은 부탁을 했을 때, 수업 시간에

화장실이 너무 급할 때 등 내가 직접 말해야 하는 상황에서 스스로 이야기할 수 있어야 한다. 특히, 부끄러움이 많은 아이일수록 평소에 표현하는 연습을 많이 해야 한다. 밖에서 아이가 부끄러워한다고 부모가 대신 말하는 경우는 아이에게 용기 낼 기회를 뺏는 것이다. 아이가 용기 낼 수 있게 부모가 격려해 주고, 용기 내어 말했을 때 칭찬해 주면 된다. 이렇게 용기를 내어 말하는 기회가 늘어나면 점점 자신감 있게 표현하는 아이가 될 것이다.

용기 내어 발표하기

수업 시간에 '발표'도 용기를 내어 '그냥' 하는 것이다. 평소 활발한 아이라고 해서 수업 시간에 발표를 잘하는 것도 아니고, 부끄러움이 많다고 해서 못하는 것도 아니다. 평소 친구들과 잘 어울리며 활발히 노는 아이가 수업 시간 발표만큼은 목소리가 작아지기도 하고 반대로 부끄러움이 많은 아이라도 발표 때는 용기 내어 씩씩하게 말하는 아이도 있다. 발표는 결국 용기를 내는 연습을 많이 해야 큰 목소리로 할 수 있게 되는 것이다.

1학년 수업에는 모둠 발표나 전체 친구들 앞에서 발표하는 활동이 꼭 포함되어 있다. 그런데 발표를 하지 않겠다고 참여를 거부하면 수업 진행에 상당한 어려움이 생긴다. 내가 용기 내지 않으면 다른 친구들에게 피해가 될 수도 있다.

저자의 아이에게도 발표 연습을 어릴 때부터 꾸준히 시켰다. 집에서는 인형들을 관객 삼아 발표 연습을 했다. 처음에는 용기 내는 것을 어려워했지만, 거듭된 연습 끝에 앞에 나와서 또는 전체 앞에서 자신의 이야기를 할 때는 큰 목소리로 또박또박 말할 수 있게 되었다. 처음 몇 번이 어렵지, 용기 내서 하다 보면 별로 큰일이 아니라는 것을 깨닫게 된다. 이 또한 처음 습관을 형성하기 위해 앞서 이야기한 외적 동기인 칭찬 스티커를 사용하였다. 학교에서 발표할 때마다 스티커를 붙여 주며 해 보도록 격려했더니 스티커 모으는 재미로 수업 시간에 손을 많이 드는 아이가 되었다. 무엇이든 과하면 역효과를 낳기 마련이니, 내 아이가 특별히 부족한 점 한두 가지를 정해 외적 보상으로 습관을 형성한 다음, 점점 내적 동기로 바뀔 수 있도록 이끌어 주는 것이 바람직하다.

발표 목소리 크기

앞에 나와서 또는 자리에 일어서서 하는 발표는, 나와 제일 멀리 떨어진 친구한테 말한다고 생각하며 목소리 크기를 내야 한다. 모둠활동은 모든 모둠 친구가 들을 수 있는 크기, 짝 활동은 짝이 들을 수 있는 크기로 발표해야 한다. 가정에서도 여러 가지 상황을 가정해서 연습하면 좋다.

마음으로 배려하기

반 아이가 교우관계에 문제가 있어서 부모님께 전화를 드린 적이 있었다. 그 부모님의 대답은 "우리 아이가 장난이 많죠? 조금만 이해해 주세요."였다. 이 아이는 평소 장난이라는 이름으로 친구를 놀리기도 하고, 함부로 대하기도 하는 아이였다. 아이의 부모는 그냥 아이가 개구쟁이라고, 장난을 좋아하는 아이라고 생각하고 있었다. 장난은 양쪽 모두가 즐거울 때 비로소 장난이 된다. 한쪽이 기분이 나쁘고 피해를 본다면, 그것은 더 이상 장난이라 할 수 없다. 다른 사람을 이해한다는 것은 내 기분대로 행동하는 것이 아니고, 다른 사람의 마음과 기분을 생각하는 것이다.

스위스 심리학자 장 피아제에 따르면 만 7세부터 만 11세까지는 '구체적 조작기'로 자아 중심적 사고에서 벗어나 보존 개념을 이해하는 시기라고 한다. 모양이 서로 다른 그릇에 같은 양의 물이 담겨 있을 때, 물의 높이가 달라도 같은 양이라는 것을 이해할 수 있다는 것이다. '구체적 조작기'의 전 단계인 '전조작기' 아이들은 자기 입장에서만 사물을 보고, 다른 사람의 생각이나 감정을 충분히 이해하지 못하며, 타인도 자신과 같이 느끼고 생각한다고 여긴다.

이제 막 학교생활을 시작하는 아이들은, 전조작기를 지나 구체적

조작기로 접어들면서 타인의 입장과 감정을 이해하고, 자신의 모든 행동을 생각하며 타인을 배려하는 법을 배워 간다. 자기의 행동이 타인에게 어떤 영향을 미치는지 생각하고 배려하는 태도를 익혀야 한다. 교실은 혼자만의 공간이 아니다. 학교생활을 하면서 때로는 내 뜻을 양보하고 포기할 줄도 알아야 하며, 배려하는 법도 배워야 한다.

함께 어울리기

'우리 아이는 왜 친한 친구가 없을까?' '우리 아이는 왜 친구와 두루두루 친하지 못할까?' 이런 고민은 아이들의 친구 관계를 어른의 기준으로 바라본 결과일 때가 많다. 1학년 아이들이 생각하는 친구는 일시적인 개념일 때가 대부분이다. 지금 있는 장소에서 나와 함께 놀고 있는 상대를 친구라고 생각하며, 쉽게 친구가 되기도 하고 쉽게 멀어지기도 한다. 친구의 개념과 관계도 다분히 아직 자기중심적이다.

앞서 말한 사회성과 사교성의 개념을 혼동하여 사교적인 성향의 아이들만 사회성이 잘 발달되었다고 생각하지 않기를 바란다. 학교에서 모둠활동을 할 때 모둠원끼리 의사소통이 원활하고, 배려도 잘한다면 크게 걱정할 필요가 없다.

  1학년 시기는 친구 관계를 배워 나가는 시기로 친한 친구가 계속 바뀌기도 한다. '교실'이라는 작은 사회에서 이제 막 사회생활을 배워 나가는 아이들에게 중요한 것은, 많은 친구를 사귀거나 단짝 친구를 만드는 것보다 올바른 친구 관계를 형성하는 법을 배우는 것이다. 부모가 나서서 친구를 만들어 주기보다는 아이가 스스로 시행착오를 겪으며 배울 수 있도록 지켜보되, 필요할 때 적절히 지도해 주는 것이 바람직하다.

  특히 올바른 친구 관계를 위해서는 발달 단계에 적합하지 않은 말과 행동을 하면 반드시 즉각 지도하여 올바른 말과 행동을 할 수 있도록 해야 한다. 아이가 지금 하는 말과 행동은 장차 친구 관계에 큰 영향을 끼치게 된다. 친구와 놀 때, 내 생각과 내 방식만 고집하는 아이들은 다른 친구들이 점점 거리를 두게 되고, 불평하는 말을 자주 하는 친구, 항상 이기적인 모습을 보이는 친구 등은 점점 친구 관계에서 어려움을 겪게 된다. 다양한 친구와 상호작용하며, 규칙을 잘 지켜서 놀이에 참여하고, 내가 도움이 필요한 상황일 때 친구에게 도움을 요청하기도 하며 올바르게 친구 관계를 유지하는 법을 배워야 한다. 때로 친구의 부탁을 들어주기 곤란할 때는 거절하는 방법도 익혀야 한다.

한두 명의 친구라도 사이좋게 지내고, 서로 배려하며 즐겁게 대화하는 것이 무엇보다 중요하다. 혹시 아이가 친구 관계에 어려움을 겪고 있다면 아이들끼리 어울릴 때 어떻게 행동하는지 관심 있게 지켜보아야 한다. 이기적이거나 폭력적인 행동을 하지는 않는지, 어떤 말들을 하는지 파악하고, 바르게 지도해 주어야 한다. 아이가 어려움을 겪고 있지 않더라도 부모의 관심은 꼭 필요하다. 요즘은 아이들끼리 놀면서 발생하는 사건 사고가 많다. 특히, SNS 등 사이버 공간에서도 다양한 문제가 생길 수 있다. 미성년자인 아이의 행동은 부모가 책임지고 바르게 지도하여 바르게 어울리는 습관을 형성해 주도록 하자.

갈등 해결의 경험 쌓기

사회성이 잘 발달하여 성숙한 사회 구성원으로 성장하기 위해서는 갈등을 겪고 이를 해결하는 경험이 필요하다. 갈등은 타인을 이해하고 자기의 행동을 조율하며 성숙해지는 중요한 과정이다. 이때 부모가 해야 할 일은 아이의 갈등을 나서서 해결하는 것이 아니라, 아이 스스로 갈등을 해결하도록 기회를 주는 것이다.

아이들은 학교에서 돌아와 자신이 겪은 갈등을 이야기할 때 자기

중심적으로 말하는 경향이 있다. "오늘 친구가 나를 괴롭혔어." 이렇게 자신이 저지른 잘못은 쏙 빼고 자신이 입은 피해만 말하는 것이다. 이것은 스스로 보호하려는 자연스러운 방어기제이다. 하지만 부모는 단순히 아이의 말을 듣고 문제를 해결하려고 개입하지 말고 균형 잡힌 시각을 유지하면서 갈등을 성장의 기회로 받아들이는 마음을 가져야 한다. 지나치게 일방적이거나 폭력적인 갈등이 아니라면 아이들의 서툰 갈등을 교육의 기회로 삼아 아이들의 싸움이 어른들 싸움으로 커지지 않도록 해야 한다.

교실에서 일어나는 많은 갈등 중에 학교 폭력 자치위원회에 올라갈 만큼 심각한 사안들도 있지만, 대부분은 사소한 말다툼들이다. 아이들이 아직 자기중심적인 성향이 강하기 때문에 친구들과 함께 활동하면서 자연스럽게 갈등이 발생할 수밖에 없다. 제일 좋은 것은 그 갈등을 아이가 직접 해결하고, 다음에 어떻게 행동할지를 생각해 보는 것이다. 많은 아이가 선생님께 오거나 부모님께 이야기해서 갈등을 해결하려고 한다. 물론 도움을 요청하는 것은 좋지만, 계속해서 어른들에게 의지하려고 하는 갈등 해결은 장기적으로 봤을 때 별로 도움이 되지 않는다. 비록 서툴고 미흡하더라도 스스로 갈등을 해결해 보려는 경험을 쌓아야 학년이 올라가고 관계가 복잡해져도 다양한 갈등 상황에 유연하게 대처하는 힘이 길러진다. 결국 갈등을 직접 해결해 본 아이가 타인과의 관계 속에서도 더 성숙하고 건강한 사회성을 갖게 되는 것이다.

나와 너, 그리고 우리

교실에서 보게 되는 학생들의 모습을 두 가지로 나누어 보면, 여러 활동에 적극적인 아이와 소극적인 아이로 나눌 수 있다. 적극적인 모습과 소극적인 모습은 어느 한쪽을 택하기보다 둘 사이에 적절성을 유지하는 것이 중요하다.

보통 적극적인 아이는 수업 시간에 말하고 싶어서 참지를 못하고, 계속 말하고 싶어 한다. 친구들과 모둠활동을 하거나 놀이 활동을 할 때도 자기 생각을 자신 있게 말하고, 자기가 하고 싶은 쪽으로 활동하려고 한다.

하지만 수업 시간에 선생님이 설명하는 중에도 하고 싶은 말이 있다고 불쑥불쑥 끼어들면 수업에 집중하고 있는 다른 아이들에게 방해가 된다. 수업 시간에 내가 하고 싶은 말이 있더라도 참고, 선생님의 질문 시간 또는 쉬는 시간을 이용해서 질문하는 참을성을 길러야 한다. 또한, 친구들과 활동할 때도 내 마음만 고집하지는 않는지, 스스로 돌아볼 수 있어야 한다. 다른 친구들의 의견을 물으며 함께 의논하고 동의를 구하는 연습이 필요하다.

반면 소극적인 아이는 수업 시간에 자기 생각을 말로 표현하는 것조차 어려워한다. 특히 수업 중 자신이 발표해야 하는 상황에서도 말을 하지 않는다면 수업 진행에 어려움을 줄 수 있다. 1학년 수업은 내 생각을 말이나 행동으로 표현하는 활동이 많다. 발표를 부끄러워해 계속 말하지 않는 소극적인 아이는 친구들과 놀 때도 다른 친구들의 의견에 그냥 따르는 경우가 많다. 같이 노는 친구들은 아무 말 하지 않으면 다 괜찮은 줄 안다. 그래서 내가 해야 할 말은 하는 용기를 가져야 한다. 평소 아이와 외출할 때 작은 것부터 아이가 말할 수 있도록, '이럴 때는 이렇게 말하는 거야.', '한번 해 봐.'와 같이 격려해 주며 말할 기회를 자주 마련해 주어야 한다. 다양한 친구와 어울리는 환경을 만들어 주는 것도 좋다. 친구들과 놀이할 때도 처음에는 부모가 함께 놀이에 참여하며 말을 거는 법, 의견을 조율하는 법을 자연스럽게 보여 준 뒤, 점차 아이들끼리 놀 수 있도록 부모가 뒤로 물러나 주는 방식으로 개입해 주면 효과적이다.

상황에 맞춘 예절

아침에 아이들이 등교할 때 큰 목소리로 밝게 인사를 하면 교사로서 정말 기분이 좋아진다. 인사는 사회생활의 기본이며, 사회성 발달의 기초 영역이다. 그래서 아이들이 어릴 때부터 인사하는 것을 배운다. 인사뿐만 아니라 '고맙습니다', '죄송합니다', '고마워', '미안해'와 같은 말을 하는 것도 매우 중요하다. 친구에게 실수했을 때 미안한 마음을 표현하는 것만으로 용서받기도 하며, 선생님이 작은 간식을 줄 때 고마운 표현을 하면 더 많이 주고 싶은 마음이 든다. 감사의 마음을 전하는 날이면 글로 자신의 마음을 표현하는 연습도 필요하다. 어버이날에 부모님께 감사의 편지를 쓰고, 스승의 날에 선생님께 고마운 마음을 편지로 전달하도록 습관을 길러 주자. 표현할 줄 아는 아이가 계속 표현하게 된다.

이런 기본 예절은 부끄럽다고 피하거나 하기 싫다고 안 해도 되는 것이 아니다. 사회생활을 해 나가기 위해 꼭 갖추어야 할 기본이므로 어려서부터 자연스럽게 습관을 들여야 한다. 학교에서 아이들에게 물건을 나눠 줄 때, 두 손으로 공손히 받아 가는 경우는 생각보다 많지 않다. 어른에게 물건을 주고받을 때는 두 손으로 주고받기, 자리에서 일어난 뒤 앉았던 의자를 제자리로 넣어 두기, 다음 사람을 위해 문을 잡아 주는 것처럼 일상 속 사소한 예절을 잘 지키는 습관이 결국 훌륭한 사회인으로 성장하는 데 큰 도움이 된다.

학교에서 필요한 기본 예절

- 공손하게 인사하기
  평소 인사하는 것이 부끄럽다면, 부모님께서 단계적으로 아이가 용기를 낼 수 있게 도와주면 좋다. 고개를 숙이는 것, 작은 목소리로 소리를 내보는 것, 큰 목소리로 인사하는 것 순으로 단계적으로 할 수 있도록 도와주면 된다. 물론, 그 과정에서 아낌없는 칭찬과 격려를 해 주어야 한다.
- 어른과 물건을 주고받을 때는 두 손으로 주고받기
- 자리에서 일어나면 의자를 집어넣기
- 마지막으로 나갈 때 문 닫기
- 화장실에서 볼일을 보고 물 내리기
- 세면대에 비누, 물감 등을 묻히면 다음 사람을 위해 씻기
- 가위를 건넬 때 손잡이를 향하게 주기
- 가방의 지퍼를 닫아 두기
- 보건실 등에 갈 때 노크하고, 공손히 인사하기

지금까지 아이들이 갖춰야 할 '기본 생활 습관'에 대해서 알아보았다. 다시 한번 강조하지만, 위의 '기본 생활 습관'은 어릴 때 형성하지 않으면 안 된다. 어릴 때 '기본 생활 습관'을 바르게 잘 다져 놓아야 커 가면서 부모가 잔소리할 일이 점점 줄어들고 자녀와 좋은 관계를 유지할 수 있다. 이 시기를 놓치고 아이가 사춘기에 접어든 후에야 기본 생활 습관을 잡아 보려 하면 아이는 부모의 말을 잘 받아들이지 않을뿐더러 부모와의 관계도 쉽게 갈등으로 번지게 된다. 결국 기본 생활 습관은 시기를 놓치지 않고 일찍 다듬어 놓는 것이

가장 현명하다.

가정에서 도와주시면 좋은 기본 생활 습관

- 일찍 자고 일찍 일어나기
  매일 일정한 시간에 규칙적으로 자고 일어나는 생활 습관 들이기
- 올바른 식사 습관 기르기
  - 식사 시간 정해서 규칙적으로 식사하기
  - 바른 자세로 식사하기
  - 골고루 먹기
  - 먹은 음식 스스로 정리하기
  - 젓가락 바르게 사용하기
- 화장실 사용 습관 익히기
  대·소변 스스로 처리하고 뒷정리까지 스스로 하기
- 자기 공간 스스로 정리·청소하기
  내 방과 책상 등 개인 공간 정돈하는 습관 기르기
- 웃어른에 대한 기본 예절 익히기
  - 인사 예절: "안녕하세요", "고맙습니다" 자연스럽게 말하기
  - 어른에게 물건을 줄 때나 받을 때 두 손으로 공손히 주고받기
- 다른 사람에게 피해 주는 말과 행동 삼가기
- 내 생각을 분명하게 말로 표현하기
- 물건 소중히 다루기
- 학교 갈 준비 스스로 하기
  세수하기, 옷 입기, 양치하기, 아침밥 먹기 등 기본적인 아침 준비 스스로 하기
- 등교 준비물 스스로 챙기기
  - 부모와 함께 알림장 읽으며 필요한 준비물 확인하기

- 매일 연필 깎아 가기, 가정통신문 꺼내기 등
- 공공장소에서 예절 지키기
  - 실내에서는 걸어 다니기
  - 남의 물건 혹은 만지면 안 되는 물건 함부로 만지지 않기
  - 줄 서서 차례 지키기
  - 의자에서 일어난 뒤 의자 밀어 넣기
  - 사용한 공간 깨끗하게 정리하기
  - 쓰레기 아무 곳에나 버리지 않기

☑ 〈두 번째 주제〉

기본 학습 습관 만들기

초등학교 1학년은 본격적인 공부를 시작하기 전에 '공부할 준비'를 하는 단계이다. 바로 이 시기가 '기본 학습 습관'을 만들어야 하는 시기이다. 이 '기본 학습 습관'을 잘 형성하기 위해서는 먼저 '기본 생활 습관'을 잘 갖춰야 한다. 1학년 때 올바른 생활 습관을 먼저 형성한 다음, 학습을 준비하는 바른 태도를 익히고 몸에 배도록 노력해야 한다. 문제집을 몇 권 풀어서 몇 개 맞았는지, 학원 시험점수가 몇 점인지, 아는 영어 단어가 몇 개인지, 구구단은 얼마나 술술 외우는지 등 당장 눈에 보이는 결과물과 점수에만 관심을 가진다면 겉으로는 공부를 잘하고 있는 것처럼 보일 수 있다. 마치 집을 잘 짓고 있는 것처럼 보이지만, 기초가 튼튼하지 않은 상태에서 지식 습득과 결과물 중심의 공부만 계속하게 되면 결국 그 집은 언젠가 무너질 수밖에 없다.

또한, 1학년은 배우는 것이 별로 없는 학년이 결코 아니다. 1학년 학습 내용을 빠뜨리지 않고 잘 이해하고 소화해야 2학년 학습을 제대로 시작할 수 있다. 한글을 떼고 입학했다고 해서 'ㅏ'부터 배우는 1학년의 국어 학습을 소홀히 해서는 안 된다. 이미 한글을 다 안다고 생각했던 아이들도 실제로는 한글의 소릿값 개념을 제대로 익히지 못한 경우가 많다. 본격적으로 읽고 쓰는 활동을 시작하기 전에 한글 소리의 정확한 인식 여부를 반드시 점검하고, 기초를 튼튼히 다져 주어야 한다. 그럼 이제 '기본 학습 습관'을 바르게 형성하는 방법을 알아보고, 통합교과, 국어, 수학의 각 과목 공부를 어떻게 해야 하는지 구체적으로 알아보기로 하자.

1) 첫 장을 넘기는 마음

　학교에 다니기 시작한다고 여러 학원에 다니며 지식을 많이 쌓는 것이 과연 최선일까? 지금은 공부의 준비이자 출발선에 선 시기다. 이 시기에 준비가 잘 된 아이는 학년이 올라갈수록 그 진가가 드러난다.

　학교에 입학한 뒤, 가정에서 1학년 자녀를 양육할 때 흔히 보이는 좋지 않은 두 가지 태도를 살펴보면, 첫 번째는 저학년 때는 열심히 놀아야 한다고 학습적인 부분을 크게 신경 쓰지 않는 가정이다. 어릴 때부터 공부시키면 아이가 힘들어한다고, 고학년 또는 중학교에 가서 그때부터 열심히 하면 된다고 생각하는 경우이다. 그런데 과연 이 아이가 고학년이 되어서 공부를 시작하려고 할 때 생각만큼 공부를 잘할 수 있을까? 저학년 때 공부하는 습관을 아예 만들어 놓지 않는다면 고학년 때 책상에 앉아 있는 것 자체가 매우 힘들 수 있다. 어릴 땐 규칙의 습득과 훈육이 필요하고 커 갈수록 자율성을 길러 줘야 하는데, 중학생이 되니까 공부를 시켜야겠다고 아이를 다그친다면 사춘기에 접어든 자녀와 정서적으로도 큰 갈등이 생길 수 있다.

두 번째는 학교에서 배우는 것은 별로 어렵지 않고 중요하지 않다고 여겨 방과 후에 여기저기 학원을 많이 다니면서 열심히 공부하는 가정이다. 이런 경우는 학교에서 배우는 내용보다 앞선 선행 학습을 하게 되는데, 사교육을 열심히 하며 계속 남들보다 앞서 나가는 아이는 과연 끝까지 그 모습을 유지할 수 있을까? 그건 마치 42.195km의 마라톤 대회에 처음 나가는 사람이 처음부터 전력 질주를 하는 모습이다. 학년이 올라갈수록 학교 수업 시수가 많아지듯, 학년이 올라갈수록 아이에 맞게 조금씩 공부량을 늘려야 한다.

학습을 시작하는 자세

누군가 "초등학교 입학 전에 무엇을 준비해야 할까요?" 하고 묻는다면 저자는 이렇게 대답할 것이다.
"먼저 유치원에서 배우는 '기본 생활 습관'을 잘 갖춰 주시고, 앉아서 그리고, 색칠하고, 자르고, 만드는 활동을 많이 시켜 주세요."

초등학교 입학 전에 학습적으로 준비해야 할 것은 한글 떼기도 연산 공부도 아닌, '학습을 시작하는 기본자세'를 만들어 오는 것이다. 한글과 연산에 관한 부분은 앞으로 학교에서 계속 공부해 나갈 부분이다. 먼저 갖추어져야 할 것은 앞서 이야기한 '기본 생활 습관'을 갖추는 것이고, 이것이 잘 된 아이들은 학교생활을 하면서 선생님의 수업을 따라 '기본 학습 습관'을 잘 형성해 나갈 것이다.

학습을 시작하는 기본자세가 되어 있는 아이들은 유치원 시절부터 가위질, 오리기, 그리기, 만들기 등을 충분히 경험한 아이들이다. 또한 오래 앉아 집중하는 연습이 되어 있는 아이들이다. 이런 아이들은 학교에 와서 학습 습관을 형성할 때 출발점이 좋다. 선생님의 설명을 주의 깊게 들을 수 있고, 시간이 오래 걸리더라도 자리에 앉아 끝까지 활동에 집중할 수 있다.

실제로 1학년 아이들이 입학한 뒤 저자가 가장 먼저 하는 수업은 '주어진 선 위를 색연필로 따라 긋기'이다.

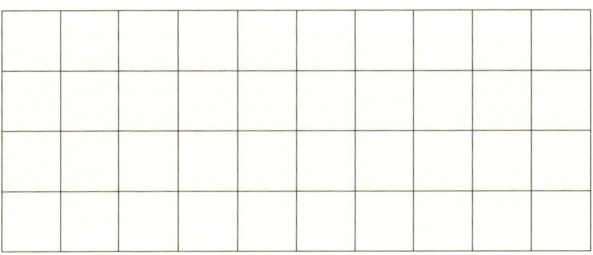

▶ 왼쪽에서 오른쪽, 오른쪽에서 왼쪽, 위에서 아래, 아래에서 위로 선 따라 긋기

이 활동을 하는 이유는 아이들의 출발점을 살펴보기 위함이다. 색연필을 잡는 방법, 선에 얼마나 정성을 들여서 그리는지, 앉아서 집중하는 태도는 어떤지를 보면 앞으로 학교생활에서의 모습을 어느 정도 가늠해 볼 수 있다. 선을 따라서 그대로 그리라고 할 때, 선을 삐뚤빼뚤하게 긋거나, 금방 팔이 아프다고 하는 아이들은 소근육 발달이 좀 더 필요한 아이들이다. 학습을 하기 전에 손을 정교하게 사용하는 능력이 필요한데, 이러한 선 긋기 활동은 손의 정교성을 기르는 데 좋은 활동이다. 또, 선 긋기 활동은 눈과 손의 협응력을 기르는 데도 효과적이다. 눈과 손의 협응력을 기르는 것은 본격적으로 한글을 배우기 전에 꼭 필요한 과정이다. 예를 들어 모음 'ㅏ'를 쓸 때, 위에서 아래로 세로선을 길게 긋고, 왼쪽에서 오른쪽으로 가로선을 짧게 그어야 하는데, 이 과정에서 눈으로 글자의 모양을 정확하게 인식한 뒤 손으로 정교하게 표현하는 협응력이 필요하다.

이렇게 글자를 보이는 대로 정확하게 인식하고 표현해야 글자를 그림처럼 그리지 않게 된다. 여러 가지 선 긋기 활동은 문자 지도의 첫걸음으로 국어 교과서의 제일 앞부분에도 들어 있는 활동이다.

이처럼 1학년 시기에 본격적인 '기본 학습 습관'을 형성해 가기 전에 유치원에서 이러한 기본자세를 갖추는 활동들을 많이 하고, 1학년 때 이를 바탕으로 '기본 학습 습관'을 차근히 쌓아 가는 것이 중요하다. 한번 굳어진 습관은 고치는데 더 많은 에너지가 필요하기 때문에 공부하는 습관을 처음부터 잘 형성하는 것이 현명하다.

집중력과 성실성

1학년 수업 시간에 선생님 말씀을 귀 기울여 열심히 듣는 아이는 생각보다 많지 않다. 수업과 관련 없는 물건을 꺼내 책상 밑에서 만지는 아이, 필통을 구경하는 아이, 연필로 지우개를 파는 아이, 교과서에 있는 다른 내용을 보는 아이 등 교실에서는 다양한 모습이 보인다. 그런데 교실은 1대1로 수업하는 것이 아니기 때문에, 아이 스스로 선생님 말씀에 집중하려는 노력을 기울여야 한다.

집중력은 자제력과도 연결이 되는데 자제력이 부족한 아이는 자신의 불편함과 지루함을 견디지 못하고 하고 싶은 대로 행동하면서 수업을 방해하는 경우가 많다. 옆 친구에게 말을 걸고, 교사에게도 엉뚱한 질문을 던져 수업의 흐름을 끊는다. 1학년 때 갖추어야 할 기본 학습 습관으로는 자신을 절제하며 수업에 집중하는 태도가 무엇보다도 중요하다.

"우리 아이는 게임할 때 몇 시간이고 앉아서 하니까 집중력은 문제없어요." 하는 어머님이 계셨다. 물론 휴대폰 게임에 빠져들어 몇 시간이고 휴대폰을 붙잡고 게임하는 아이의 '집중력'은 좋을 수 있을지라도, 학습에는 '집중력'뿐 아니라 '주의력'이 함께 필요하다. '집중력'이 한 가지 일에 모든 힘을 쏟아붓는 능력이라고 하면, '주의력'은 필요한 것에만 주의를 집중하고 유지하는 능력이다. 이를테면 "칠판을 보세요."라고 했을 때, 자신이 하고 싶은 활동을 멈추고, 칠판을 보는 능력이다. 학습을 하기 위해서는 단순히 자신이 좋아하는 활동을 할 때만 집중하는 것이 아니라, 하기 싫은 활동에서도 참고 집중하는 능력이 필요하다.

수업 시간에는 '성실성'이 중요하다. 성실하다는 것은 주어진 활동에 최선을 다하는 것이다. 1학년 친구 중에 "나 이거 잘 못 해.", "나 이거 하는 거 싫어."라는 말을 평소에 자주 하는 아이는 학년이 올라갈수록 수업 참여도가 떨어지는 것을 볼 수 있다. 1학년 친구들에게는 무언가를 잘하는 것이 아니라 최선을 다해, 열심히 해내는 것이 중요하다. 특히, 내가 평소에 잘하지 못하고 힘들어하고, 하기 싫어 하던 것을 성실히 해냈을 때 느끼는 성취감은 앞으로 학습을 해 나 가는데 귀중한 밑거름이 된다.

이러한 집중력과 주의력, 성실성을 기르기 위해서는 평소 '기본 생활 습관'이 바르게 형성되어 있어야 한다. 자기 관리가 잘 되는 아 이들이 성실하게 활동하고, 바른 습관으로 생활이 안정되어 있는 아이들이 활동에 집중할 수 있다. 다시 한번 이야기하지만, 학습과 생활은 함께 이어져 있다.

우리 아이는 왜 집중을 못 할까?

1. 과도한 미디어 사용
과도한 미디어 사용 및 시청은 학교 수업에 큰 영향을 끼친다. 자극적인 영상에 많이 노출된 아이는 자극적인 재미에만 반응하는 뇌가 되어 버리기 때문에 수업 시간에 선생님의 설명을 듣거나 책에 집중하는 데 어려움을 겪는다. 반드시 분별력 있는 미디어 사용이 필요하다.

2. 엄격한 집안 분위기
가정은 아이들이 쉬는 편안한 휴식 공간이 되어야 한다. 가정환경이 너무 엄격한지, 과도하게 아이의 행동을 통제하거나 집착하지는 않는지 살펴 보아야 한다. 가정에서 지켜야 할 규칙이 학교보다 과하고 여러 가지 행동 들에 제약이 많으면, 오히려 학교가 집보다 편하게 생각되어 수업 및 다른 활동에 집중하지 못하고 다른 사람에게 피해를 주는 경우가 생길 수 있다.

3. 지나치게 허용적인 집안 분위기

반대로 지나치게 허용적인 집안 분위기 또한 아이가 집중할 수 없게 만드는 요인이 될 수 있다. 지나치게 허용적인 분위기의 집에서는 아이가 어릴 때부터 꾸준히 배우고 익혀야 할 기본 생활 습관이 바르게 형성되지 않는 경우가 많다. 또한 허용되는 행동과 허용되지 않는 행동들의 구별이 모호하여, 자기 행동을 스스로 조절하고 통제하는 자기조절 능력을 제대로 발달시키기가 힘들다. 수업 시간에 주의 집중력을 발휘하기 위해서는 자신을 조절하는 능력이 요구된다.

4. 지나친 학습(지나친 조기교육과 방과 후 학습)

과도한 학습은 아이들의 좋은 성장을 기대할 수 없게 만든다. 항상 학교 공부를 중심으로 두고, 부족한 공부와 조금 더 배우고 싶은 공부 정도를 하는 것이 바람직하다. 늦은 오후 또는 저녁 시간까지 계속 학원에 다닌다면, 아이의 뇌가 쉴 틈 없이 과부하가 되는 상태를 만든다. 오후 시간은 충분한 휴식 시간이 되어야 한다.

5. 수면 시간 부족

아이의 수면 시간이 충분한지 확인해 보아야 한다. 수면이 부족하면 학교에 와서 집중하는 것은 당연히 힘들어진다. 밤 9시 전후에는 잠자리에 들도록 습관을 형성하는 것이 좋다.

6. 아이의 발달 정도

아이의 발달 정도도 살펴볼 필요가 있다. 인지 기능 및 사회성 발달이 또래에 비해 떨어지지는 않는지 확인해야 한다. 아직 아이가 어리다고 클 때까지 기다려 보자고만 생각하면 치료나 교정의 적절한 시기를 놓칠 수 있다. 학년이 올라갔을 때 더 큰 어려움을 겪기 전에 전문가를 찾아가 상담을 받아 보는 것을 고려해야 한다.

스스로 생각하며 공부하기

공부의 목적은 무엇일까?
"어른이 되어서 학교에서 배운 걸 잘 쓰지도 않는데 왜 이렇게 공부를 열심히 해야 하나요?"
이렇게 묻는 사람이 있다면, 그 사람은 공부의 본질적인 목적을 모르고 있는 사람이다. 공부의 목적은 결국 생각하는 힘을 기르기 위함이다. 어릴 때 열심히 공부해서 생각하는 힘을 기른 사람은 어른이 되어서도 여러 가지 문제 상황에 부딪혔을 때 그것을 해결하는 힘이 있고, 문제 해결 상황에서 다양한 창의성을 발휘할 수 있다.

이제 스스로 생각하며 공부하는 '자기 주도적 학습 습관'을 준비해야 하는 시기가 되었다. 이제는 부모님이 시키는 것을 아무 생각 없이 하는 것이 아니라, 자신이 부족한 부분, 해야 하는 공부, 탐구하고 싶은 분야 등을 생각할 수 있게 습관을 만들어 주어야 한다. 스스로 생각하며 깨우치는 공부는 지금 당장은 부족해 보여도 시간이 갈수록 자기 일을 책임감 있게 해내는 아이로 성장시킬 수 있다.

또한, 어른의 눈으로 1학년 학습 내용을 판단하여 1학년에서 배우는 내용을 쉽다고만 생각하면 안 된다. 9+6의 답을 알고, 한글을 읽을 줄 안다고 1학년 내용을 다 안다고 생각하면 절대 안 된다. 교과서에는 이 시기 아이들의 나이와 눈높이에 맞는, 정말 깊이 생각해 볼 내용들이 담겨 있다. 그 내용과 원리들을 이해할 수 있어야 하지만, 아이들은 결코 쉽게 그 내용들을 이해하지 못한다. 생각보다 아이들은 배우는 내용을 어려워한다. 생각을 깊게 하며 학습하도록 해야 한다.

소화 가능한 선행학습

'선행학습을 해야 한다.', '하지 말아야 한다.'의 이분법적인 접근을 떠나, 중요한 것은 아이 스스로 소화할 수 있는 선행학습이어야 한다는 점이다. 잘못된 선행학습은 아이의 전체 학습 균형을 쉽게 무너뜨릴 수 있다. 학교에서 현재 배우고 있는 것이 학습의 중심이 되어야 한다. 그런데 그 중심은 소홀히 한 채, 내용만 앞서서 공부하게 되면 학습에 대한 흥미를 잃어버리게 되고, 정작 학교에서 배우고 있는 내용은 깊이 있게 이해하지 못하는 아이가 될 수 있다.

한 가지 예를 들어 보면, 입학 전에 흔히 영어 공부를 많이 시킨다. 영어 공부 자체를 하지 말라고 단정 짓고 싶지는 않지만, 1~2학년 때는 학교 정규수업에서 영어를 배우지 않는다는 점을 먼저 떠올릴 필요가 있다. 영어가 중요하다고 해서 영어 공부만 열심히 한 아이는 그 시간에 다른 것을 학습할 기회비용을 뺏기는 것이다. 영어학원을 열심히 다녔던 학생 중에 막상 학교에서 배우는 것은 그만큼 노력하지 않아, 학교 수업 시간에 할 줄 아는 것이 별로 없는 아이가 있었다. 국어 시간에 한글을 읽는 것도 힘들어하고, 가위질도 힘들어했으며, 색칠하는 것도 잘하지 못했다. 비싼 영어학원을 다닌 결과가 이렇다면, 영어학원은 안 다닌 것만 못한 게 된다.

복습의 마법

어릴 때부터 배운 것을 복습하고, 그것을 삶 속에서 실천으로 연결하는 아이는 모든 학습이 차곡차곡 잘 쌓여 간다. 반대로 이것저것 지식만 집어넣기만 한 아이의 머릿속은 오히려 복잡해질 수 있다. 그래서 저자는 아이와 어릴 때부터 꼭 하던 습관이 있다. 어린이집이나 유치원에서 배운 것을 집에서 꼭 반복하는 활동이다. 아이들은 했던 것을 반복하며 자신에게 익숙하게 만든다. 유치원에서 배운 내용은 그날 꼭 집에서 다시 해 보았다. 유치원에서 연을 만들었으면, 집에서 다른 연을 사서 다시 만들고 밖에 나가서 날려 보았다. 봄에 먹는 과일인 '딸기'에 대해서 배우면, 배운 내용을 집에서도 꼭 다시 해 보고, 딸기 모종을 직접 사서 딸기가 파란색에서 빨간색으로 익을 때까지 직접 키워 보았다.

흔히 '복습'이라고 하면 문제집을 사서 푸는 것이라고 많이들 생각하곤 하는데, 그것은 시험을 앞둔 수험생들이 하는 복습이다. 물론, 1학년도 수학 과목같이, 문제집을 풀어야 하는 부분도 있긴 하지만, 배운 것을 다시 한번 생각해 보고, 관련된 책을 읽어 보고, 직접 실천해 보고, 습관으로 만드는 활동들이 더 중요하다. 독서나 체험 등 여러 가지 경험을 하며 학교에서 배운 것을 자신이 아는 것과 연계하면 공부를 훨씬 효율적으로 할 수 있다.

가족 간 식사 시간도 자연스러운 복습 시간이 될 수 있다. 하버드 대학교 캐서린 스노우 교수 연구팀의 연구 결과(1988년-1989년)에 따르면 가족과 함께 식사하면서 나누는 대화가 아동의 언어 능력과 어휘력 발달에 큰 영향을 미친다고 한다. 식사 자리에서 오늘 학교에서 배운 내용을 자연스럽게 이야기하고, 자신의 생각을 표현하며 대화를 이어 가는 과정 자체가 중요한 복습이 된다. 가족끼리 배운 내용을 토론하며 심화시키는 시간으로도 활용할 수 있다. 이렇게 자연스러운 밥상머리 교육은 수업 태도에도 이어진다. 식사 시간에 부모님 말씀을 경청하고, 자신의 이야기도 차례를 지켜 가며 말하는 연습을 하면 학교 수업 시간에도 선생님의 말씀을 차분히 듣고 수업 흐름을 방해하지 않는 태도가 만들어진다. 반면, 집에서 부모가 말하는 중간에 끼어드는 것이 습관이 되어 있다면, 학교 수업 시간에도 같은 모습이 반복되는 경우가 많다.

교과서와 친구 되기

평소 저자가 수업 준비를 하거나 이 책을 집필하면서 가장 많이 참고했던 책은 교과서와 교사용 지도서였다. 교육과 관련된 수많은 내용이 쏟아져 나오는 요즘과 같은 정보의 홍수 시대에는 분명한 기준을 가지고 정보를 접하는 것이 중요하다. 그중에서도 객관적이며 가장 신뢰하는 기준이 되는 내용은 단연 교과서와 교사용 지도서에 있다고 생각한다.

많은 부모님이 방과 후에 아이와 무엇을 공부해야 할지 모르겠다고 묻고는 한다. 그럴 때면 항상 교과서에 있는 것을 하라고 말씀드린다. 교과서의 내용을 중심으로 그 안에서 아이가 관심을 가지는 부분은 더 탐구하고, 부족한 부분은 보충하며 심화할 것은 조금씩 확장하면 그걸로 충분하다. 얇고 많은 지식을 여기저기 흩어 쌓기보다는, 교과서에서 배운 내용을 중심으로 책을 읽고 체험하며 살을 붙여 나가는 것이 오히려 아이의 머릿속에 오래 남는다.

결국 가장 중요한 것은 교과서다.

가끔 수능 만점자 인터뷰에서 "교과서를 열심히 읽었어요. 학교 수업을 충실히 했어요."라는 말을 들으면 부모들은 반신반의하기도 하지만, 그 말은 결코 거짓이 아니다. 교과서는 해당 분야를 오랫동안 연구해 온 교수들과 교사들이 수년간 연구하고 협의해 만들어

낸 결과물이다. 시중에 나와 있는 어떤 참고서보다도 가장 신뢰할 수 있는 교재가 바로 교과서다.

교과서에 있는 내용을 제대로 따라가는 것만 해도 결코 쉬운 일이 아니다. 따라서 아이가 교과서에서 배우는 내용을 잘 이해하고 있는지 수시로 복습하며 점검해야 한다. 우리 아이가 어느 부분이 부족한지 확인하고, 다시 교과서를 중심으로 보충하면 된다.

2) 놀이로 만나는 통합교과

　1학년 때 학교에서 가장 많이 하는 수업은 '통합교과' 수업이다. 매일 하루에 2~3시간은 통합교과를 수업한다. 하지만 아이러니하게도 부모들이 가장 소홀히 여기는 과목이기도 하다. 그냥 노는 수업이라고 생각하기 때문이다. 놀이 활동도 있고, 만들기 등의 활동을 많이 하다 보니 놀이처럼 보이기도 하지만 사실 이 수업에는 아이들이 배워야 할 중요한 학습 내용이 충분히 담겨 있다.

놀면서 배우기

　학교에서 하는 '놀이'는 곧 '공부'이다. 왜 그런지 '놀이'를 하는 과정을 살펴보면 알 수 있다. 먼저, 선생님께서 어떤 놀이인지 설명한다. 이때 아이들은 선생님의 설명을 집중해서 듣는 주의 집중력이 필요하다.

　다음으로, 놀이에 대해 궁금한 부분을 질문할 기회를 준다. 생각하고 발표하는 능력이 필요한 단계다. 그리고 놀이가 시작되면 놀이에서 가장 중요한 것은 규칙을 잘 지키며 즐겁게 참여하는 태도이다. 이기고 싶은 마음에 규칙을 어기거나 잘하고 싶은 마음에 경쟁심이 앞서기도 한다. 하지만 놀이 속에서도 규칙을 지키기 위해 스스로 조절하는 것은 매우 중요한 학습이다.

　놀이가 끝난 뒤에는 이긴 친구와 진 친구가 나뉘게 된다. 이때 서로 지켜야 할 사회적 예절을 배우게 된다. 이긴 친구는 기쁘더라도 진 친구를 놀리거나 비난하지 않아야 하고, 진 친구는 결과에 짜증을 내거나 울지 않고 이긴 친구를 축하해 주며, 다음에는 더 잘하겠다는 다짐으로 받아들이는 자세를 배운다.

　이처럼 놀이를 통해 아이들은 자연스럽게 사회 구성원으로 성장하는 법을 배워 나간다. 단지 놀기만 하는 시간이 결코 아니다. 통합교과 속 놀이 수업은 규칙, 자제력, 협력, 배려, 감정조절, 발표력, 경청 등 다양한 배움이 통합되어 이루어지는 소중한 학습 시간이다.

손끝으로 익히기

통합교과 시간에 가장 많이 하는 활동은 그리기, 만들기, 꾸미기 등의 활동이다. 이런 활동을 많이 하는 이유는 아이들이 아직 말로 표현하거나 글로 쓰는 것이 어렵고 힘들기 때문에 이런 활동을 통해 자기를 표현하는 것이다. 이 활동에서 중요한 목표는 첫째, 그리거나 만든 작품에 내 생각을 표현하는 것이다. 둘째는 최선을 다해 작품을 완성하는 것이다. 반드시 대단한 작품을 만들어 내야 하는 것이 아니다. 사자가 사자 같지 않고, 사람이 사람 같지 않더라도 그 안에 이야기할 거리가 많은 작품, 내 생각을 풍부하게 표현한 작품이 훌륭한 작품이 된다. 가위질도 꼼꼼하게, 색칠도 성실하게 하는 것이 중요하다. 활동에 최선을 다해 성실히 해내는 아이는 그렇지 않은 아이보다 국어와 수학 등 다른 과목을 학습할 때도 성실히 글을 쓰고, 문제를 푸는 아이가 될 것이다.

또한, 아이가 학교에서 만든 작품을 집으로 가지고 오면 절대로 바로 쓰레기통으로 가져가거나 "잘했네.", "수고했어."라는 말로 끝내지 않았으면 좋겠다. 작품 안에는 아이가 생각한 많은 이야기가 담겨 있다. 부모가 관심을 가지고 작품에 대해 이야기를 나누고 격려해 주면, 아이는 다음 작품에서 더 열심히 자기의 생각을 표현할 것이다. 이렇게 작품을 만들며 자기 생각을 많이 표현해 본 아이는 국어 시간에 글을 쓸 때도 풍부한 생각을 표현할 수 있게 된다.

 평소 그림 그리는 것을 어려워하는 아이라면 간단한 것부터 따라 그리는 것을 연습하도록 하면 좋다. 그림을 잘 그리는 것보다 자신이 표현하고 싶은 것을 그림으로 그리는 것이 중요하다. 학교에서는 글보다 그림으로 표현하게 되는 경우가 많다 보니 자기 생각을 자신감 있게 그림으로 표현하는 능력이 필요하다. 좋아하는 캐릭터 등 간단한 그림을 따라 그리며 여러 가지 대상을 표현하는 연습을 해 보면 좋다.

 통합교과에서 많이 하는 그리기, 만들기, 꾸미기와 같은 활동들을 소홀히 생각하여 지식 위주의 공부만 하게 되면 정말 큰코다칠 수 있다. 앞서 이야기했듯이 이러한 활동들은 나중에 하게 될 학습의 기초가 된다. 어른들이 생각하기에 이런 활동들이 시간 낭비일 것 같고, 차라리 그 시간에 수학 문제를 풀거나 영어 단어를 외웠으면, 하는 생각이 들 것이다. 하지만 절대 그렇지 않다. 아이들에게 가장 좋은 공부는 손을 많이 움직이는 활동들이다. 그리고 이런 활동들은 아이들에게 결코 쉬운 활동이 아니다. 가위질할 때, '선 따라 자르는 것, 그냥 하면 되지 뭐.' 하고 생각하지만, 아이들의 가위질에는 많은 차이가 있다. 가위를 제대로 쓰지 못하고 종이를 뜯는 것처럼 가위질하는 아이도 있고, 정교하게 선을 따라 잘 자르는 아이도 있다. 어른들에게는 쉬워 보이는 활동이지만, 눈과 손이 협응하고, 손에 힘을 주어 선을 따라 자르는 것은 보통 어려운 일이 아니다. 색칠하는 활동은 또 얼마나 큰 인내력과 집중력을 요구하는 일인가. 학교에서는 이런 활동들을 많이 한다. 지식 위주의 공부만 한 아이들이 입학한 뒤 학교에서 하는 여러 가지 활동들에 자신감이 없는 안타까운 경우를 많이 봐 왔다. 특히, "나는 그림 그리는 것 싫어해." 하며 대충 5분 만에 끝내려는 아이들이 있다. 이런 아이들은 앞으로 다른 공부에서도 싫어하는 것은 대충 넘어가는 습관이 굳어질 위험이 있다. 그림을 못 그리는 것이 문제가 아니라, 싫어하거나 부족하더라도 끝까지 성실하게 해내려는 태도를 배우는 것이 무엇보다 중요하다.

종이로 마음 접기

종이접기 활동은 아동의 발달에 여러 가지 장점이 많은 활동이다. 종이접기를 하며 섬세하게 손을 다루는 활동은 소근육 발달에도 좋고, 좌뇌와 우뇌를 자극하여 뇌의 발달을 촉진시킨다. 눈으로 모양을 보고 따라 접으며 눈과 손의 협응력을 발달시키고, 어떻게 접어야 다음 모양이 나올지 상상하며 모양을 예측하는 능력도 키운다. 또, 종이를 접고 자르는 과정에서 도형을 이해하고, 수학적 사고에 필요한 공간 개념을 형성할 수도 있다. 작품이 완성될 때까지 정해진 단계를 거쳐 가며 꾸준한 인내력과 집중력을 키울 수 있고, 완성한 뒤의 성취감도 느낄 수 있다.

그런데 종이접기는 학교에서 아이들이 힘들어하는 활동 중 하나이고, 많이 해 본 아이와 그렇지 않은 아이의 차이가 큰 활동이다. 차이가 워낙 많이 나다 보니 지도하기에 상당한 어려움이 있다. 종이접기 과정을 이해하고 작품을 만드는 능력은 그냥 길러지지 않는다. 끊임없이 생각하고 고민하고, 종이접기를 많이 해 봐야 접을 수 있게 된다. 가정에서 놀면서, 가족과 함께, 즐겁게 종이접기를 많이 해 보면 좋겠다. 특히, 유튜브 같은 영상을 보고 따라 접기보다는 종이접기 책을 보면서 접는 것이 아이들의 사고력 발달에는 훨씬 좋다.

배운 것 실천하기

통합교과의 내용 중에는 '바른생활'이란 이름으로 배우는 내용들이 들어 있다. 그 시간에는 '바르게 살아가는 방법', '안전하게 살아가는 방법' 등을 배우게 되는데, 이 내용들은 배워서 아는 것보다 더 중요한 것이 있다. 바로 안전하게 길을 건너는 법을 배우고 나서, 평소에 안전하게 횡단보도로 길을 건너는 것을 실천하는 것이다.

우리 아이가 학교에서 통합교과의 '지구가 아파요' 주제를 배우면서, 길거리에 있는 쓰레기들이 지구를 아프게 한다고 배우게 되었다. 학교에서 그 내용을 배운 뒤 아이는 집으로 오는 하굣길에 길거리에 떨어져 있는 쓰레기를 주워 왔다. 한 개, 두 개 줍다 보니 너무 많았는지, 어느 날부터는 아침마다 집에서 봉지를 하나씩 가지고 갔다. 한동안 봉지 가득 쓰레기를 주워 오는 아이를 보면서 배운 것을 실천하는 아이의 모습에 어른으로서 많이 반성하게 되었다.

배운 것을 떠올리며 실천하는 것은 매우 중요하다. 부모님이 먼저 모범을 보이면서 아이에게 바르게 실천할 수 있도록 해야 한다. 우리 학교 앞에는 차가 별로 다니지 않는 왕복 2차선 도로가 있다. 이 도로에 신호등이 있는 횡단보도가 있는데, 좁은 길이다 보니 많은 어른이 신호등을 기다리지 않고 무단 횡단을 한다. 심지어 아이와 같이 무단 횡단하기도 했다. 부모가 먼저 배운 것을 실천하지 않는데, 어떻게 아이가 학교에서 배운 것을 잘 실천할 수 있겠는가? 학교에서 배운 것만 잘 실천하고 습관으로 형성해도, 우리 사회는 훨씬 안전하고, 깨끗하고, 배려심 넘치는 사회가 될 것이다.

예체능 배우기

저학년 때 아이들은 예체능을 많이 배운다. 특히, 피아노 등의 악기, 그림 등의 미술, 축구, 태권도 등의 체육을 많이 배우게 되는데, 이런 예체능을 꾸준히 배우는 것은 아이들의 창의성과 감성 발달에 도움이 된다.

예체능은 처음에는 재미있고, 책으로 하는 다른 공부보다 쉬운 경향이 있어 아이들이 즐겁게 배운다. 그런데, 점점 배울수록 어려워지고 연습도 많이 해야 한다. 이때 중도에 포기하지 말고, 오랫동안 꾸준하고 성실하게 계속 배워 나갔으면 좋겠다. 노력의 결과물들이 몇 년을 배우고 연습해야 나오는 경우가 많은데, 그 어려움을 견뎌 내었을 때, 인내심이 길러지고 성취감을 맛볼 수 있다. 꼭 진로로 연결되지 않더라도 예체능을 배우는 과정에서 얻는 그 인내심과 성취감이 큰 자산이 될 수 있다.

3) 말과 글 속의 모험, 국어

 '국어'는 어릴 때부터 꾸준히 어휘력과 문해력을 쌓아야 하는 과목이다. 흔히 '국어가 안되면, 다른 과목도 안된다.'라고 할 정도로 국어 교과의 중요성은 이미 널리 알려져 있다. 하지만 무작정 책을 많이 읽으면 된다는 식의 간단한 접근으로는 국어 영역의 기초를 제대로 쌓을 수 없다. 한글을 떼는 것부터 시작하여 올바른 방법으로 꾸준히 노력하여, 제대로 독서하고 자기 생각을 키우는 아이로 가르치도록 하자.

한글 깨치기

 초등학교 1학년 입학 전 부모들이 많이 하게 되는 고민은 '한글 떼기'일 것이다. 단어 카드를 같이 읽고 이야기 나누기도 하고, 요즘은 학습지를 하는 경우도 많다. 또 유치원에 다니면서 자연스럽게 한글을 익히기도 한다. 매일 자기 이름이 적힌 신발장에 신발을 넣고, 사물함에 가방을 넣으며 자신의 이름을, 친구의 이름을 통글자로 외우게 되는 것이다. 아이들이 가장 편하게 한글을 익히는 방법이 바로 이 '통글자' 학습이다. 단어가 익숙해질 때까지 보고 읽으면서 자연스럽게 한글을 읽을 수 있게 되는 것이다. 그런데 이러한 학습 방법의 가장 큰 문제점은 나무 그림과 '나무'라는 글자가 같이 있을 때는 '나무'라고 읽을 수 있지만, '나'와 '무'가 따로 있으면 잘 읽지 못한다는 것이다.

저학년의 국어 교육에서 최종 목표는 '기초 문식성*'을 갖추는 것이다.

기초 문식성 교육의 핵심 내용인 한글 해득에 관하여 국어 교과서에서는 '절충식 접근 방법'을 사용하고 있다. '절충식 접근 방법'은 '발음 중심 접근 방법'과 '의미 중심 접근 방법'에 일정한 순서를 적용하여 한글을 배우는 방법이다.

좀 더 알기 쉽게 이해해 보자. 한글을 익힐 때 '발음 중심 접근 방법'으로 배우는 것은 'ㄱ'의 소릿값[그]을 배우고, 'ㅏ'의 소릿값[아]을

---

* 기초 문식성: 한글 문해를 포함해 짧은 글을 읽고 이해하며 자신의 생각을 문장으로 쓸 수 있을 정도에 해당하는 기초적 수준의 읽기·쓰기 능력. (2022 개정 교육과정 국어 1-1 지도서 428쪽)

배워 '가'라는 글자의 소리가 [가]로 발음된다는 것을 배우는 방법이다. '가, 갸, 거, 겨, 고, 교 …'와 같이 소리를 내는 기본 음절 단위로 배우기도 한다.

'의미 중심 접근 방법'은 낱말이나 문장을 읽고 쓰면서, 자음과 모음을 익히는 방법이다. 유치원에서 신발장에 있는 친구의 이름을 보고 글자를 알게 되는 '통글자 학습' 방식은 '의미 중심 접근 방법'에 가깝다고 볼 수 있다. 국어 교과서에서는 '의미 중심'과 '발음 중심' 두 가지를 절충하여 사용하고 있다.

이래저래 한글 공부를 하는 것은 좋다. 하지만 중요한 것은 1학년에 입학하여 한글을 시작할 때, 취학 전에 '의미 중심'으로 한글을 해득했다고 해서 한글 교육을 멈추면 안 되고, '발음 중심'에서 많이 하게 되는 글자의 소릿값 공부도 반드시 해야 한다는 것이다. 너무 어릴 때 한글을 배우게 되면, '발음 중심 접근 방법'에 나오는 문법적인 규칙성을 이해하기에는 아직 인지발달이 전부 이루어지지 않은 상태라, 배우기 쉬운 방법인 '의미 중심 접근 방법'에 가까운 '통글자 학습'으로 한글을 학습하게 된다. 그러나 모든 글자를 의미 중심으로 익히기에는 그 양이 방대하여 발음 중심 접근 방법에 나오는 문법적인 규칙성도 이해해야 어휘를 확장할 수 있다.

초등학교에 입학하여 국어 시간에 한글을 몇 개월 배우고 나면, 아이들이 자음과 모음이 합쳐져서 글자가 만들어진다는 발음 중심 접근 방법의 문법적인 사실을 이해하게 된다. 또, 자음이 첫소리에 올 때와 받침(끝소리)에 올 때 나는 소리가 다르다는 것도 알게 된다. 어느 정도 글자를 읽을 줄 알게 되고, 적절한 인지발달이 이루어진 1학년이 되면 이러한 문법적인 내용을 쉽게 이해할 수 있게 되는 것이다. 그러니 유치원 때 한글을 익혀서 한글에 대해 다 안다고 너무 자부하지 말고, 초등학교에서 한글 공부할 때 자음자와 모음자의 소릿값을 구분하고, 이것들이 합쳐져서 나는 소리를 성실하게 학습해야 한다.

또한, 학교에서 한글 수업을 한 뒤 집에서 꼭 복습하고 열심히 한글을 연습하면 좋겠다. 가정에서 하면 좋은 방법 몇 가지를 소개하겠다.

첫째, 아이들이 글자를 어떻게 쓰는지 물어볼 때 바로 알려 주지 말고 글자의 소릿값을 생각해 보게 한다. 예를 들어 '학'이라는 글자를 어떻게 쓰는지 물어볼 때, [학]이라는 소리를 여러 번 들려준 뒤 '학'의 첫소리가 무슨 소리가 나는지 생각해 보게 하여 'ㅎ'의 소리 [흐]를 떠올릴 수 있게 한다. 그런 다음 모음이 무슨 소리인지 생각해 보고 'ㅏ'를 떠올리게 하고, 마지막 끝소리인 'ㄱ'의 '윽'을 생각해 보게 한다. 그러면 '학'이라는 글자를 완성할 수 있다. 집에서 이런 방법으로 소릿값을 생각해 보게 자주 시킨다면, 어떻게 쓰는지 모르던 글자들을 스스로 점차 정확하게 쓸 수 있게 된다.

둘째, 첫소리나 모음, 혹은 받침에 들어가는 자음(모음)을 제시하고, 해당 자음(모음)이 들어가는 낱말을 찾아 써 보고, 읽어 보는 연습을 해야 한다. 예를 들어 첫소리에 'ㄱ'이 들어가는 낱말을 알아보기로 하면 '가위, 가방, 가지, 가게' 등을 찾고, 써 보고, 읽어 보는 것이다. 받침에 'ㄱ'이 들어가는 낱말을 알아보기로 하면 '낙엽, 악기, 독버섯, 조각'과 같은 낱말을 찾고, 써 보고, 읽어 보는 연습을 해야 한다. 특히, 겹받침(ㄳ, ㄵ, ㄶ, ㄺ, ㄻ, ㄼ 등)과 이중모음(ㅐ, ㅙ, ㅔ, ㅝ, ㅢ 등)은 어렵다. 무작정 의미 없이 쓰거나 외우기만 하면 아이들은 금방 잊어버리니, 책을 읽으며 그 겹받침 또는 이중모음이 쓰인 예를 찾아보고, 그것을 따라 써 보는 것이 좋다.

셋째, 여러 가지 말놀이를 하면 좋다. 우리 가족은 차를 타고 이동할 때 아이와 말놀이를 많이 한다. 그중에서 끝말잇기와 초성 퀴즈 놀이를 가장 많이 한다. 끝말잇기와 초성 퀴즈를 하려면 그 단어의 소릿값과 단어를 적는 표기법들을 정확하게 알아야 하므로 이런 활동들이 아이들의 맞춤법 연습에 많은 도움이 된다.

유창하게 읽기

한글을 어느 정도 알고 난 뒤에는 글자를 떠듬떠듬 읽는 정도에서 벗어나 유창하게 읽을 수 있도록 연습해야 한다. 한 글자씩 글자를 읽는 데만 초점을 맞추면, 글자는 읽는데 뜻은 알지 못해 글 전체의 내용을 이해할 수 없게 된다. 글자를 읽을 줄 아는 것과 글을 유창하게 읽을 수 있다는 것은 분명히 다른 개념이다. 글을 유창하게 읽는다는 것은 정확한 발음과 억양, 적절한 속도로 표현력을 살려 소리 내어 글을 읽는 것이다.[*]

유창하게 글을 읽으려면 그림책을 활용하는 것이 가장 좋다. 그림책을 통해 일상생활에서 많이 쓰는 다양한 단어 및 문장을 연습할 수 있기 때문이다. 아이들은 충분히 반복하고 익숙해져야 유창하게 읽을 수 있다. 1학년 교실에서 아이들이, 선생님이 읽어 주는 문장을 꾀꼬리같이 따라 읽는 수업을 많이 하게 되는데, 이런 활동은 아이들이 소리를 내어 가며 문장을 유창하게 읽는 연습을 하는 것이다. 아이들은 소리 내어 문장을 읽으며 어떤 속도로, 어떤 억양으로 읽어야 하는지 배우고, 때론 그 문장에 맞는 표현 방식도 함께 배우게 된다.

---

[*] 2022 개정 교육과정 국어 1-1 교사용 지도서 423쪽

이렇게 문장부터 읽으며 자연스럽게 글 읽기로 넘어가게 해야 한다. 가정에서도 아이들과 책을 읽을 때, 아이들의 유창성 발달을 위해 부모가 먼저 한 문장을 읽고, 아이가 따라 읽는 방법을 사용하면 좋다. 아이들에게 그림책 한 권 전체를 한 글자 한 글자 읽으라고 하면 매우 힘들 것이다. 그래서 한 쪽은 아이가 읽고, 다른 쪽은 부모님이 읽는 '번갈아 읽기'를 하는 것도 추천한다. 읽는 것에 대한 부담을 서서히 늘려 가면서 문장 부호와 띄어 읽기에 유의하며 읽기의 유창성을 키워 나가면 된다.

획순에 맞게 글씨 쓰기, 바르게 연필 잡기

'필기도구를 바르게 잡는 것'과 '선을 바르게 긋는 것'은 학습의 가장 기초적인 부분이다. 앞서 이야기했듯 학교생활을 시작하는 학생들이 가장 먼저 배우게 되는 내용이기도 하다. 필기도구를 바르게 잡고, 글자를 쓸 때 획순에 맞게 반듯하게 쓰는 것은 매우 힘든 일일뿐더러 나중에 고치려고 하면 정말 고치기도 어려운 일이다. 극단적으로 생각하면, 알아보지도 못할 정도로 글자를 엉망진창으로 쓴다면 중요한 시험에서 채점에 오류가 생길 수도 있는 일이다. 바른 글씨 쓰기는 어릴 때부터 습관을 들여 연습하지 않으면 바꾸기가 참 어렵다. 고학년으로 갈수록 수업 시간에 글쓰기가 많아지니 저학년 때 바른 글씨 쓰기를 충분히 연습해 두도록 해야 한다.

하지만 집중력이 부족하거나 어릴 때 이런 활동들을 많이 해 보지 않은 경우, 필기도구를 바르게 잡거나, 선 따라 선 긋는 것을 어려워하는 일이 많다. 최근에는 어릴 때부터 학습을 많이 한 친구들이 오히려 연필 잡는 것도 엉망진창, 획순도 엉망진창인 경우도 많아졌다. 대개 손의 힘은 기르지 않고 학습하다 보니 연필도 바르게 잡지 않고 자기가 편한 방법대로 쥐거나, ㄹ, ㅁ, ㅂ 같은 글자를 획순에 맞지 않게 마음대로 쓰는 것이다. 어느 정도 손에 힘을 줄 수 있고, 글쓰기의 기본자세를 배운 다음에 조금씩 글을 써야지, 처음부터 연필을 쥐고 공부를 너무 많이 하면 제대로 된 기본기를 잡기가 힘들다.

처음 글을 배울 때 바르게 연필 잡는 습관과 정확한 획순으로 쓰는 습관을 들이기 위해서는, 통합교과에서 설명한 것처럼 정교하게 선을 긋는 연습, 손힘을 기르는 색칠하기 등을 많이 해야 한다. 이것이 바탕이 되어야 나중에 글씨를 반듯하게 적을 수 있다. 연필을 바르게 잡는 것이 힘들다고 연필을 움켜잡는 등 다양한 방법의 잘못된 연필 잡기를 그대로 둔다면, 습관으로 굳어 고치기가 힘들어진다. 힘이 들더라도 처음부터 연필을 바르게 잡고, 바른 획순으로 글씨 쓰는 연습을 한다면 점점 손가락에 힘이 생겨 나중엔 힘들이지 않고 수월하게 글씨를 쓸 수 있게 될 것이다.

다시 한번 강조하지만, 가장 기본적인 것을 배우는 1학년 때 기초부터 차근차근 제대로 해 두지 않으면 나중에 그 결과가 나타나기 때문에 1학년 학습의 가장 기초 중의 기초인 '필기도구를 바르게 잡기'와 '선을 바르게 긋는 것'을 제대로 연습해야 한다.

받아쓰기

1학년 2학기가 되면 학교에서 받아쓰기를 시작할 수 있다. 평소 한글의 소릿값을 정확하게 알아 글자를 읽고, 책을 많이 읽으면서 한글을 계속 공부한 아이들은 어렵지 않게 할 수 있다. 그러나 한글의 소릿값 개념이 명확하지 않고, 한글의 기초가 튼튼하지 않은 아이들은 받아쓰기할 때마다 그 단어를 외우고 쓰고, 준비를 하는 데 엄청난 시간과 노력을 들인다. 한글 수업을 하면서 가장 안타까운 부분이 바로 이 지점이다. 많은 부모가 아이들이 글자를 읽을 줄 안다고 생각하면 더 이상 한글 교육에 별로 관심을 가지지 않게 된다. 그러다 보니 아이들이 본격적으로 쓰기 활동을 하게 되면 맞춤법과 띄어쓰기에 많은 어려움을 겪는다. 자음과 모음의 소릿값을 정확하게 알고, 글자의 소리를 충분히 연습해야 받아쓰기도 수월하게 할 수 있다.

일기로 마무리하는 하루

1학년 한글 교육의 마지막 단계는 '일기 쓰기'이다. 일기 쓰기는 1학년 국어 교육과정의 총집합체이다. 바른 자세로 앉아 연필을 잡고 한글 획순에 맞게 쓰는 것, 배운 많은 단어를 문장으로 쓰는 것, 문장을 풍요롭게 꾸며 주는 말들을 넣으며 자신의 생각을 글로 정리하는 모든 과정이 일기 쓰기에 녹아 있다. 따라서 앞선 단계들을 소홀히 한 아이들은 결코 일기를 수월하게 쓸 수 없다.

만일 선생님께서 일기 쓰기를 학교 숙제로 내주신다면 다른 어떤 숙제보다도 열심히 해야 하는 숙제라고 생각한다. 일기 쓰기만 제대로 해도 별도의 독서 논술이나 글쓰기 학원에 다닐 필요 없이 자연스럽게 글쓰기 실력이 길러진다.

일기 쓰기는 '내 생각 말하기'와 '문장 쓰기'의 완성학습이다. 일기를 쓰는 기본 절차는 '나의 하루 되돌아보기 → 그중에서 가장 기억에 남는 일 떠올리기 → 있었던 일을 생각과 느낌으로 표현하기'이다. 1학년 수준의 일기는 위와 같은 절차로 기억에 남는 일을 떠올린 뒤, 5~6문장 정도만 적을 수 있다면 충분하다고 생각한다. 그러나 나의 하루를 되돌아보고, 그중에서 가장 기억에 남는 일을 떠올리고, 그때의 내 생각과 느낌을 돌이켜 보는 과정은 깊은 사고가 필요한 과정이다.

> 처음 부분: 누구와, 언제, 무엇을 했다.
> 중간 부분: 그곳에 대한 소개, 있었던 일, 나의 감정
> 끝부분: 느낀 점 정리, 다짐, 고마운 것 등

일기를 수월하게 쓰기 위해서는 다양한 어휘와 표현을 익혀야 한다. 평소에 책을 많이 읽어서 다양한 어휘력과 문장 표현력을 기르고, 가족 혹은 어른과 대화를 많이 하여 자기 생각을 말로 표현하는 연습을 많이 해야 한다. 말로 표현이 익숙해져야 글로도 자연스럽게 표현할 수 있다.

보통 아이들은 경험한 일에 대해 생각이나 느낌을 적으라고 하면 '좋았다', '즐거웠다', '재미있었다' 등의 단순한 감정으로 표현하는 경우가 많다. 물론 1학년 수준에서 이 정도로만 표현하는 것도 괜찮지만, 자신이 느낀 감정을 풍부하게 표현하는 것은 좋은 일기를 쓰는 데 도움이 된다. 좋은 일기는 '감정어'를 다채롭게 사용하며 쓰는 일기이다. 아이들은 특히 일기에 내 감정을 적는 것을 어려워한다. 그

릴 땐 감정 카드 같은 것을 두고, 있었던 일에 대해 이야기 나누며 어떤 감정이었는지 감정 카드에서 찾아보게 한 뒤 일기를 쓰는 것도 좋다. 평소 책을 읽으면서 나오는 여러 감정어들에 대해 함께 이야기 나눠 보는 것도 좋다. 그러나 무엇보다 가장 좋은 것은 다양한 감정들을 직접 경험해 보는 것이다. 이런 경험이 필요한 이유는 감정표현뿐만 아니라 일기를 쓸 재료가 필요하기 때문이다.

일기 쓰기는 띄어쓰기와 맞춤법을 익히기에도 좋다. 한글을 처음 배울 때, 아이들에게 띄어쓰기나 맞춤법을 강조하면 아이들이 글쓰기에 자신감을 잃어버리는데, 한글을 배우고 난 뒤에는 띄어쓰기와 맞춤법도 조금씩 연습해야 한다. 그러기 위해서는 많은 글을 써 보는 것이 좋고, 아이들이 하기에는 '일기 쓰기'가 가장 좋은 연습이 된다.

이런 점에서 일기를 쓸 때는 부모가 옆에서 함께해 주는 것이 바람직하다. 하루 동안 있었던 일과 기억에 남는 장면에 대해 함께 이야기 나누고, 그 이야기를 글로 옮기게 하면 훨씬 수월하다. 학교에서도 문장 쓰기를 배울 때 처음에는 단어 넣기로 시작한다. 예를 들어, 그림을 보고, '원숭이가 (   ) 먹었다.' 이런 식이다. 괄호 안에 단어 넣기가 된다면, 그다음 절차는 '원숭이가 (   ).'의 문장을 완성하는 것이다. 일기를 쓸 때도 이야기를 나누면서 앞부분을 부모가 먼저 말하고, 아이가 다음을 완성하는 식으로 하면 일기를 수월하게 쓸 수 있다. 일기 쓰기가 익숙하지 않은 아이에게 혼자 쓰라고 하면 '오늘 놀이공원에 갔다. 뭐 탔다. 재미있었다. 끝.'이 되어 버린다. 글쓰기 실력이 늘기 위해서는 자극이 필요하다. 일기 쓰기를 부모와 같이 연습하며 부모가 일기를 적는 방법을 차근차근 알려 주어야 한다. 같이 이야기 나누며 일기를 쓰고, 맞춤법이나 띄어쓰기에 대해 아이들이 질문을 하면 부모님이 도와주면 된다. 꾸준하게 일기를 쓰다 보면 생각이나 느낌을 잘 표현하며 글을 쓸 수 있게 되고, 맞춤법과 띄어쓰기 실력도 눈에 띄게 향상될 것이다.

맞춤법과 띄어쓰기

맞춤법은 아이가 쓰는 것부터 차근히 알려 주면 된다. 자주 쓰는 표현부터 시작해 천천히 가르치되, 부모가 모든 것을 다 고쳐 주려 하지 않는 것이 중요하다. 이 시기의 아이들은 아직 모든 맞춤법을 완벽히 소화하기 어렵고 억지로 외운다고 해서 단기간에 완성되는 부분도 아니다. 실생활에서 자연스럽게 사용하며 익혀 가는 과정이 필요하다. 맞춤법과 띄어쓰기를 잘하려면 역시 책을 많이 읽어야 한다. 책을 읽을 때 어떤 부분에서 띄어 썼는지 확인하며 읽으면 좋다. '낱말과 낱말은 띄어 쓰는 것'이라는 사실을 기본으로 알려 주고,

'조사(은/는, 이/가, 을/를) 다음에 띄운다.' 이 두 가지 정도를 기본으로 시작하면서, 받아쓰기와 일기 쓰기를 통해 반복적으로 띄어쓰기 연습을 이어 가면 자연스럽게 실력이 쌓인다.

독서로 깊어지는 문해력

국어 공부에서 독서의 중요성은 아무리 강조해도 지나치지 않다. 국어 공부를 위해서는 문제집을 푸는 것보다, 학습지 회사에서 주는 패드 공부를 하는 것보다 '책'을 많이 읽는 것이 가장 중요하다.

간혹 수업 시간에 교과서에 있는 글을 읽고 물음에 대한 답을 발표하는데, 교사용 지도서에 있는 답을 그대로 발표하는 아이가 있었다. 대개 예습 차원에서 문제집이나 패드 등으로 미리 공부한 경우였다. 수업 시간에 정답을 척척 발표하는 이 아이는 누가 봐도 공부를 잘하고 있는 것처럼 보이지만 실상은 전혀 그렇지 않다. 결론부터 이야기하자면 국어 시간에 자기 생각을 발표하는 것이 아니라, 미리 학습하여 외운 답을 발표하는 것은 아무런 의미가 없다.

한글을 배우는 목적이 단순히 글자를 소리 내어 읽을 수 있게 하기 위함이 아닐 것이다. 한글 공부가 어느 정도 끝난 시점부터는 글을 읽고 글의 내용을 이해하는 문해력을 발달시켜야 한다. 그러기 위해서는 독서를 통해 다양한 문장의 뜻을 이해하고 글 전체의 내용을 이해해야 한다.

1학년 1학기는 내 생각을 그림으로 표현하는 활동을 많이 하지만, 1학년 2학기부터는 내 생각을 글로 표현하는 활동도 많이 하기 때문에 평소 책 읽기를 습관화하는 것이 중요하다.

독서는 아이가 관심 있어 하는 책부터 시작하면 된다. 표지를 보며 어떤 내용일지 이야기 나누고 책의 내용을 상상해 보면 된다. 도서관과 서점을 자주 다니며 책을 읽고 싶은 환경을 만들어 주고, 책이 가장 재미있게 느껴지도록, 책에 빠져들도록 해 주어야 한다. 자기 전에 부모가 재미있게 책을 읽어 주고 책 중간 부분에서 멈추면, 뒷이야기를 상상하며 잠들게 되고 아침에 일어나자마자 뒷이야기가 궁금해서 책을 펼치게 된다.

독서 습관을 만들기 위해 책에 관한 독후활동을 함께 해 보는 것도 좋다. 독후활동이라 해서 부담을 가질 필요는 없다. 출판사 홈페이지나 온라인 서점 사이트에 무료로 제공되는 자료를 활용해도 충분하다. 책을 읽고 난 뒤 책과 관련된 만들기, 놀이 등을 하며 주제를 확장해 나가면 훨씬 즐겁고 의미 있는 학습이 된다. 예를 들어

『수박 수영장』이라는 그림책을 읽고 나서 수박을 실제로 맛보고, 숟가락으로 파낸 빈 수박 안에 물을 넣어 수영장처럼 활용해 보는 식이다. 이런 활동은 아이의 기초 문식성 향상에 훨씬 효과적이며, 국어 문제집을 푸는 것보다 재미있고 오래 기억에 남는다.

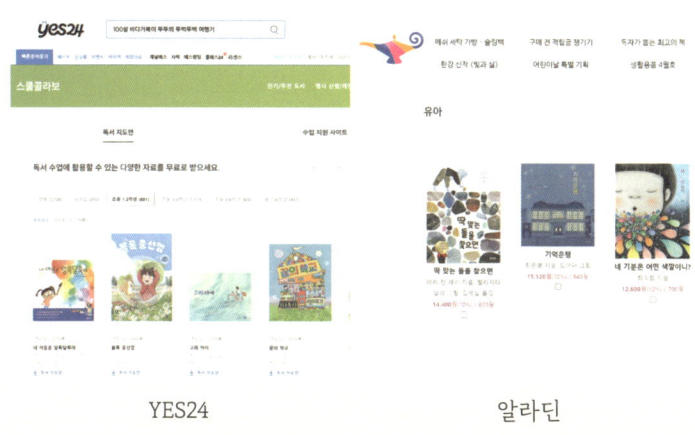

YES24 알라딘

▶ 독후활동 자료가 있는 사이트

저자가 아이들과 가장 많이 하는 수업도 배우는 내용에 관한 책을 읽고 그와 관련된 활동을 하는 것이다. 책을 활용한 수업을 많이 하는 이유는 단순히 새로운 지식을 머릿속에 넣는 것보다 자신이 느낀 것, 생각하는 것을 여러 가지 방법으로 표현해 보게 하기 위함이다. 책을 활용한 수업을 할 때는 먼저 책에 대해 이야기를 나누고, 책을 읽은 다음 책과 관련된 활동을 한다. 책의 주제에 대해 여러 가지 방향으로 생각해 보면서 말로 표현하기도 하고, 몸으로 표현하기도 하고, 그림 및 작품으로 나타내기도 하면서 생각하는 힘을 기른다.

가정에서도 수업 시간에 하는 것처럼, 책을 읽는 독서의 단계를 생각하면서 책을 읽으면 된다. 독서의 단계를 어렵게 생각할 필요는 없다.

> 독서 전: 아이와 책을 읽기 전에, 책 표지에 있는 그림을 보고 무슨 내용일지 상상하면서 이야기 나누기
> 독서 중: 책을 읽으면서 어떤 내용인지 이야기 나누며 내용 확인하기
> 독서 후: 다 읽고 난 다음 느낌이나 생각을 이야기 나누기

이 세 단계만으로도 충분하다. 여기에 조금 더 활동을 덧붙이고 싶다면 독서 기록장을 작성하는 것도 좋다. 다음 예시는 우리 아이가 꾸준히 하고 있는 독후활동 기록장이다. 책을 읽고 난 뒤, 책과 관련된 것을 생각해 보고, 관련된 그림을 그리고, 인상 깊은 문장이나 읽고 난 뒤 느낌을 간단히 적는다.

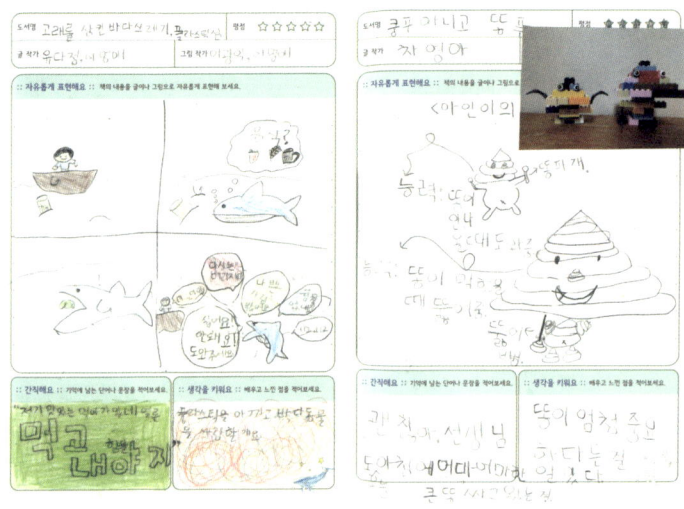

　이 활동을 꾸준히 하면서 아이가 자신의 생각을 그림으로 표현하는 실력도 좋아졌다. 언젠가 볼로냐 그림책 일러스트 전시회에서 이런 문구를 본 적이 있다. '그림책은 어린이가 만나는 첫 번째 미술관이다.' 그림책에 있는 삽화들은 그림책 내용을 이해하는 데 도움이 되기도 하지만, 그림 자체로도 즐기며 미적 감수성을 기르기에도 좋다. 그림책을 많이 보는 것은 그림으로 내 생각 표현하기에도 도움이 되며, 아이들이 보는 그림책에는 아이들의 수준에 적합한 문장들이 많이 있어서 꾸준히 읽다 보면 내 생각과 느낌을 표현하는 표현의 깊이도 더 깊어질 수 있다.

　독서가 글을 읽고 이해하는 것이라면 문해력은 글에 대한 이해를 바탕으로 자신의 생각을 표현하고 다른 사람과 소통하는 것이라고 볼 수 있다. 단지 독서만으로는 문해력이 향상될 수 없으니, 책을 읽고 난 뒤에는 책의 내용에 대해 물어보며 '왜'라는 질문을 생각하게 하고, 원인과 결과를 생각하고 고민하게 만들어야 한다. 책의 내용에 대해 함께 이야기 나누며 고민하고, 부모와 대화를 풍성하게 이어간다면 문해력뿐만 아니라 부모와 좋은 관계를 유지하는 데에도 많은 도움이 될 것이다.

이처럼 독서는 여러 방면으로 중요하다. 그렇다면 책을 열심히 읽는 아이로 키우기 위해서는 어떻게 하면 좋을까? 책을 열심히 읽는 아이로 키우고 싶다면 환경이 가장 중요하다. 어릴 때부터 가족들이 휴식 시간에 책을 읽고, 도서관에 가는 것이 익숙한 아이는 책을 가까이하는 것이 어렵지 않다. 반면, 집에서 하루 종일 TV가 켜져 있거나 부모가 스마트폰만 사용하는 모습을 보고 자란 아이는 책을 읽고 싶어지는 환경을 만나기 어렵다. 또 한 가지, 아이들은 심심해야 책을 읽는다. 독서 환경을 마련해 주고, 아이가 책을 들 수 있도록 '심심함'을 선물해 주자.

> **학습만화에 대한 생각**
>
> '학습만화'라는 단어를 들으면 왠지 모르게 굉장히 유익한 느낌이 든다. 학습인데 만화로 읽을 수 있다니? 재미있게 만화도 보고 공부도 할 수 있

으니 일석이조처럼 느껴진다.

그렇지만 독서의 목적을 문해력 향상이라는 측면에서 보면 학습만화는 별로 도움이 되지 않는다. 학습만화는 영상 만화를 책으로 옮겨 놓은 것이라고 볼 수 있다. 문장이 굉장히 직관적이고 표현이 간결한, 단순한 구어체로 되어 있는 부분이 많다. 학습만화를 읽어서는 깊이 생각하는 독서가 될 수 없다. 보통 학습만화만 거의 보는 아이는 줄글 책 읽기를 싫어한다. 학습만화에서 줄글로 자세한 내용을 설명해 놓은 부분은 건너뛰고 재미있는 만화 부분만 읽는 친구들이 많다는 것도 단점이다. 학습만화보다는 줄글 책을 읽으며 내용을 곱씹고, 이야기 장면을 머릿속에 그리며 상상하는 능력을 키우는 것이 훨씬 좋다.

물론 학습만화를 읽는 장점도 있다. 어려운 개념들을 쉽게 풀어 설명해 주기 때문에 다양한 분야의 배경지식을 쌓는 데는 분명 도움이 된다. 따라서 학습만화는 휴식 시간에 가볍게 읽는 책으로 활용하면 적절하다. 줄글 책을 꾸준히 읽고, 여유 시간에 보충 자료처럼 학습만화를 읽는 정도가 바람직한 활용 방법이 될 것이다.

배운 것 실천하기

1학년 국어 교과서의 첫 부분에 한글 학습을 제외하고 가장 먼저 나오는 내용은 '바른 자세로 읽고 쓰기', '바른 자세로 듣고 말하기'이다. 이러한 사실은 교과서를 집필한 교수들과 교사들이, 학교생활을 처음 시작하는 아이들에게 가장 먼저 배우게 할 내용, 가장 중요하다고 생각하는 내용이 바로 '기본 학습 습관'이라는 것이다.

학교에서 '바른 자세로 듣고 말하기'에 대해 배우고 난 다음, 해야 할 일은 무엇일까? 집에서 이 내용을 문제집으로 복습해야 할까?

> 문제1) 다음 중 듣는 자세가 바른 친구를 모두 고르세요.
> 문제2) 다음 중 발표하는 자세가 바른 친구를 고르세요.

위 문제에 정답을 고른 아이가 이 내용을 완벽히 학습한 것일까? 아닐 것이다. 수업 시간에 바른 자세로 앉아 있을 수 있고, 바른 자세로 수업에 참여하는 아이가 완벽히 학습했다고 할 수 있을 것이다. 국어 수업의 내용은 알고 이해하고 지나가는 것이 아니라, 실천으로 이어져야 한다. 그래서 1학년 때는 국어 문제집을 풀지 말라고 이야기하고 싶다. 기본 생활 습관의 문제가 어떻게 문제집을 푸는 것으로 해결될 수 있단 말인가. 실천으로 잘 이어지지 않는 부분이 있다면 집에서 습관을 잘 들일 수 있도록 반복적으로 연습해야 한다.

4) 숫자와 개념 놀이터, 수학

아이들을 가르치면서 가장 안타까운 부분이 수학 문제집을 풀며 수학을 암기과목 공부하듯이 하는 것이다. 이해 없이 같은 문제 유형을 반복해서 많이 푸는 것은 수학을 암기식으로 공부하는 방법이다. 이런 방법은 당장 점수는 높일 수 있겠지만 근본적인 수학적 사고력을 향상시킬 수는 없다. 수학을 이해 없이 암기한 아이들은 1학기 수학은 어느 정도 해도, 받아올림이 있는 덧셈과 받아내림이 있는 뺄셈을 들어가면서부터는 계산 과정을 외우지 않고는 풀 수 없게 되며, 계속 이런 식으로 공부하면 수학 과목이 재미있지도 않고 수학을 잘하지도 못하게 된다.

수학을 고민 없이 문제 유형 암기식으로 공부하게 되면, 더하기를 배울 때는 문제를 읽지도 않고 더하기를 하고, 빼기를 배울 때 5와 7이 있으면 식은 5-7이라고 적고, 답은 2를 적는 식으로 문제를 풀게 된다. 덧셈과 뺄셈에 대한 개념 없이 문제만 많이 푸는 식으로 공부한 아이들이 많이 하는 잘못이다. 처음은 속도를 내는 것이 아니라 문제를 읽고 그 속에 있는 의미를 파악한 다음, 어떤 개념을 쓸 것인지 고민하여 차근차근 답을 구해야 한다.

흔히 1학년 수학을 매우 쉽다고 생각할 수도 있다. 물론 학창 시절 전체의 수학 내용을 봤을 때는 틀린 말은 아니다. 하지만 1학년 아이들에게 수학 과목은 쉽지 않다. 1학년의 수학이 쉽다고 생각하는 사람들은, 1학년 수학은 9+6=15, 13-8=5를 계산할 줄 알면 된다고 생각하기 때문에 1학년 수학을 쉽다고 생각한다. 그렇지만 1학년 내내 9+6이 왜 15가 되고, 13-8이 왜 5가 되는지를 배운다. 그 과정들이 자세하게 풀어져 있는 교과서를 배우면서 덧셈과 뺄셈의 계산 원리를 이해하고 습득하게 된다. 그러려면 수 감각이 있어야 하고, 앞선 개념들을 잘 이해해야 한다.

수학은 문제해결력을 기르기 위한 과목이다. 단순히 문제를 풀기보다는 스스로 고민하고 생각하며, 문제 속의 개념을 찾아서 해결해 가는 과정을 통해 수학을 공부하는 궁극적인 목적을 달성할 수 있다. 미래 사회에 아이들이 부딪히게 될 다양한 문제 상황 속에서 스스로 답을 찾아 잘 살아갈 수 있게끔 문제해결의 첫걸음부터 스스로 생각하며 해결할 수 있도록 공부하자.

손에 닿는 수학 감각

많은 부모님이 아이에게 숫자를 처음 가르쳐 줄 때 물건을 놔두고 그 수를 세어 보면서 '일, 이, 삼, 사, 오', '하나, 둘, 셋, 넷, 다섯'을 알려 준다. 이것을 '수양일치'라고 한다. 수학 공부의 시작은 문제집을 푸는 것이 아니라, 직접 물건을 세며 숫자로 표현하는 것부터 시작한다. 이런 활동들이 수 감각을 익히는 가장 좋은 방법이다. 아이들이 수학 학습을 할 때 가장 좋은 것, 가장 중요한 것은 구체물을 활용하여 개념을 익히는 것이다. 수학은 추상적인 학문이다. 아직 추상적 사고가 원활히 이루어지지 않는 나이의 아이들에게 글로만 수학을 공부한다는 것은 수학을 암기식으로 공부하는 것과 다름없다. 구체물을 활용하여 학습해야 추상적인 수학 개념을 이해할 수 있다.

교과서에는 바둑돌, 수 세기 칩, 연결 모형, 쌓기나무 등을 활용하여 수업하도록 안내되어 있다. 수학적 감각을 기르기 위해서는 직접 만져 보고 배우도록 교육과정이 만들어져 있다. 문제집으로만 수학을 공부한 아이는 문제집에 있는 것만 풀 줄 알고, 새로운 유형의 문제가 나오면 감을 전혀 못 잡는다.

저자는 50까지의 수를 배울 때 '고래밥' 과자를 사서 아이들과 과자의 수를 직접 세어 보았다. '고래밥 과자에 들어 있는 동물들은 각

각 몇 마리씩 있을까?'를 문제로 내고, 과자에 있는 동물들을 분류하고, 나누어 보면서 수를 세는 연습도 하고, 실생활에서 수라는 것이 어떻게 쓰이는지도 배웠다. 또, 아이들과 아기 상어 50마리를 직접 색종이로 접기도 했다. 아이들은 막연히 '50'이라는 숫자를 듣는 것만으로는 그 양을 체감하지 못하기 때문에, 이렇게 눈으로 보고 손으로 만지며 '10은 이 정도구나, 20은 이렇게 되는구나'를 체감하는 과정이 꼭 필요하다.

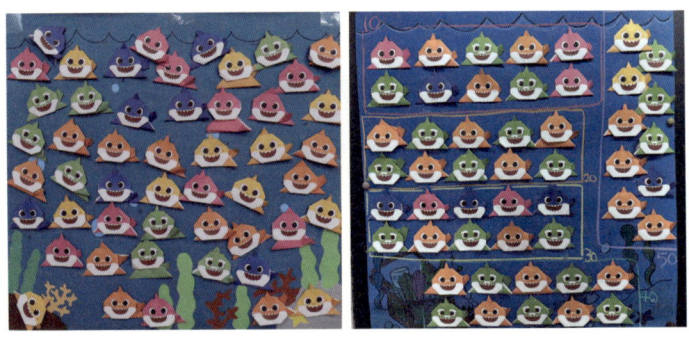

'9+6을 계산하는 방법을 설명해 보세요.'라고 하면 아이들 대부분은 덧셈하는 방법을 설명한다. 수학을 학문적으로만 배웠기 때문이다. 하지만 교과서에는 절대로 바로 더하기부터 하라고 하지 않는다. 9+6을 계산하는 여러 가지 방법을 떠올려 보게 한다. 이런 활동은 구체물을 활용하여 많이 만져 보고 고민해 본 아이들이 대답할 수 있다. 9+6을 계산하는 방법은 손가락으로 계산한다든지, 동그라미를 그려서 계산한다든지, 9에다가 10, 11, 12, 13, 14, 15 이렇게 6개를 더한다든지 등 여러 가지 방법이 있다.

 2학년이 되면 받아올림이 있는 (두 자리 수)+(두 자리 수), 받아내림이 있는 (두 자리 수)-(두 자리 수)를 배운다. 이것을 배우는 단원 내용 중에 '계산을 여러 가지 방법으로 해 보세요.'라는 차시가 있다. 예를 들어 27-18을 하는데, 27에서 17을 먼저 빼고 나중에 1을 빼는 방법, 30에서 18을 먼저 빼고 나중에 3을 빼는 방법 등 여러 가지 방법을 배우게 된다. 이러한 문제해결 방식은 단순히 계산만 잘하는 것이 아니라 수의 구조를 이해하고 있는지, 계산 원리를 깊이 있게 파악하고 있는지를 보여 준다. 문제는, 이 다양한 계산 방법조차 '암기'해 버리는 경우다. 방법을 '외우는 것'으로 착각한 아이들은 수학의 사고력을 키울 기회를 잃게 된다. 수학이 갑자기 어려워지는 이유가 바로 여기에 있다.

 도형도 마찬가지이다. 어릴 때부터 블록이나 레고 같은 것을 많이 만져 보고 조립해 본 아이들이 도형에 대한 감각이 뛰어나다. 쌓기나무나 자석블록을 많이 가지고 놀아 본 것이 공간에 대한 수학적 감각을 익히는 데 큰 도움이 된다. 교과서에 세모, 네모, 동그라미를 배우면, 이 모양들을 활용하여 자신만의 작품을 만드는 활동이 있는데, 각 모양이 가지고 있는 특징을 활용하여 작품을 만들어야 한다. 이때 중요한 것은 도형의 이름을 아는 것이 아니라, 각 도형이 가진 성질을 활용해 새로운 무언가를 구성해 보는 감각이다.

이렇게 구체물을 활용하여 수학을 배울 때 반드시 기억해야 할 것은 한두 번 해 보고, '이제 알았지?' 하면 안 된다는 것이다. 공부할 때도 해 보고, 보드게임이나 수 교구로 놀면서 또 해 보고 하며 배웠던 것을 계속 반복하는 것이 중요하다. 이렇게 무한히 반복한 끝에 수 개념이 형성될 수 있다. 구체물을 활용하여 공부하는 것은 시간도 오래 걸리고 효율이 떨어져 보일 수 있다. 문제집에 있는 개념을 익힌 다음, 여러 유형의 문제를 풀어보는 것이 눈에 보이는 결과물이 드러나 훨씬 효율적으로 보일 수 있다. 하지만 지금 문제를 많이 풀어 보는 것보다 구체물을 활용하여 수학적 감각을 기른 아이가 학년이 올라가서도 수학을 더 수월하게 배우게 된다.

수학적 개념 익히기

수학 문제를 풀 때 가장 중요한 것은 문제 속에 담긴 수학적 개념이 무엇인지 찾아내는 것이다. 수학은 본질적으로 개념의 학문이다. 여기서 개념을 안다는 것은 단지 개념 정의를 외우거나 공식을 암기하는 것이 아니다. 외우기만 한 개념은 실제 문제 상황에서 제대로 적용되지 못하는 경우가 많다. 수학적 개념은 반드시 구체적인 경험을 통해 이해되어야 한다. 구체물을 이용해 개념을 익히고, 실생활 속에서 어떻게 쓰이는지를 관찰하면서 문제를 풀 때 자연스럽게 떠올릴 수 있을 정도로 내면화하는 과정이 필요하다.

1학년 수학 내용을 가르칠 때 주의해야 할 점은 어른의 시각으로 접근해서는 안 된다는 것이다. 어른이 보기에는 1학년 수학은 매우 쉽다. 그러나 그렇게만 생각하면 아이들이 제대로 된 수학적 개념을 형성하는 것을 자칫 소홀히 할 수 있다. 1+1=2라는 식을 예를 들어 보면, 이 식 안에는 더하기의 개념, 등호의 개념, 식의 개념 등 여러 가지 수학적 개념들이 들어 있다. 이런 기본 개념들은 익히지 않은 채, 1+1이 무엇인지 계산 문제만 푸는 것은 아이들의 수학적 개념에 커다란 구멍을 만들어 주는 것이다. 계산 문제만 푼 아이들에게 '='가 무엇인지 물어보면 대부분 '는(은)'이라고 대답한다. '1 더하기 1은 2'라고 보통 읽기 때문에 등호에 해당하는 부분은 '는(은)'이라고 생각하는 것이다. ('='의 의미는 왼쪽 항과 오른쪽 항이 같다는 것을 의미한다.)

이처럼 처음 배우는 수학 개념들은 반드시 구체물을 활용하여 정확히 이해하고 넘어가야 한다. 개념의 공백은 당장은 드러나지 않더라도 이후 차츰 누적되어 학년이 올라갈수록 수학을 어려워하는 원인이 된다. 수학은 이전 개념의 이해를 토대로 새로운 개념을 쌓아 나가는 누적적, 연속적 학문이다. 따라서 지금 배우고 있는 교과서 속 개념들을 하나하나 꼼꼼히 짚고 확실히 이해시키는 것이 무엇보다 중요하다.

선행학습 바르게 알기

가령 1학년 입학(만 7세) 전에 이미 2학년 수학을 공부해 온 아이가 있다고 하자. 그러면 이 아이는 1학년 수학을 만 6세 또는 만 5세에 학습했을 것이다. 이 아이가 만 6세 또는 만 5세에 1학년 수학 공부를 할 때 얼마나 정확하게 이해하고 공부했을까? 인지발달은 나이에 따라 점진적으로 이루어지기 때문에, 학습 시기의 나이에 따라 이해의 깊이는 분명히 차이가 생긴다. 결국 선행학습을 하면서 대강 넘어갔던 개념들은 학교 수업을 통해서 다시 확실히 다져야만 한다.

선행학습 자체가 반드시 나쁜 것은 아니다. 문제는 많은 학생이 '이미 아는 내용'이라 여기며 학교 수업을 소홀히 듣는다는 것에 있다. 인지적 준비가 충분하지 않은 상태에서 선행으로 개념을 억지로 끌어당겨 배우면, 이해의 빈틈이 그대로 남게 된다. 이 때문에 선행학습을 했더라도 학교 수업을 반드시 충실히 듣고 배운 내용을 꼼꼼히 복습하는 과정이 꼭 필요하다.

그런데 이런 식으로 공부하면 선행학습을 하는 아이들은 '선행하고 있는 학습 내용 + 지금 학교에서 배우고 있는 내용 복습' 이렇게 두 가지를 모두 공부하게 된다. 그렇게 되면 수학 과목에만 많은 시간을 투자하게 되어 다른 것을 공부할 시간이나 독서 시간을 뺏기게 될 수도 있다. 심하면 하루 종일 공부에 매달리게 되기도 한다.

이런 고민 속에서 저자는 실제로 자신의 아이를 대상으로 실험을 해 보았다. 인지발달이 평균적인 수준에 해당한다고 가정하고, 만 5세 무렵에 1학년 수학을 가르쳐 본 것이다. 결과적으로 만 5세 아이는 수 개념을 단순 계산으로는 처리할 수 있었지만, 덧셈이 무엇인지 빼기가 어떤 의미인지와 같은 개념적 이해는 거의 불가능했다. 문제를 스스로 읽고 이해하는 것도 어려웠고, 개념을 설명하려 해도 설명이 무의미할 정도였다. 만 6세가 되어 다시 수학 개념을 가르쳤을 때는 이전보다 나아졌지만, 여전히 개념적 이해를 위해서는 많은 시간과 노력이 필요했다. 문제를 읽고 풀이하는 과정에서도 여전히 어른의 설명이 필요했다. 오히려 이 시기의 개념 이해 학습은 아이의 놀이 시간과 쉼을 뺏는 듯한 느낌마저 들었다. 하나의 내용을 설명하는 데 너무 오랜 시간이 걸렸고, 스스로 문제를 읽고 이해하는 것이 매우 어려웠다. 조금 더 인지발달이 이루어지면 더 쉽게, 더 짧은 시간에 이해할 수 있을 것 같았다. 그래서 만 7세, 즉 입학을 두 달 정도 앞둔 시점에 1학년 수학 학습을 시작하였다. 만 7세가 되니 상황이 달라졌다. 개념을 빠르고 정확하게 받아들였고 문제도 스스로 읽고 어떤 개념을 적용해야 할지 찾아내며 풀이하는 모습을 보였다. 개념을 이해하는 데 시간이 오래 걸리지 않으니 학습 후에도 충분히 놀 시간이 남았다. 이러한 경험을 통해 저자는 선행학습이란 '예습'의 개념으로 접근해야 한다고 생각하게 되었다. 수업 내용을 미리 조금 알고 있으면 선생님의 설명을 더 쉽게 이해할 수 있고, 수업에 적극적으로 참여할 수 있다. 그러나 선행을 했다고 수업을 소홀히 하는 것은 학습 효과를 떨어뜨리는 지름길이다.

선행학습을 하더라도 문제집을 풀기보다는, 어린 나이 때에는 구체물을 활용하여 수학에 친숙해지는 것이 필요하다. 놀이하며 수를 세어 보고, 블록을 모으고 가르며 수를 세어 보고, 블록으로 여러 가지 모양을 만들며 가지고 노는 것을 추천한다. 만약 입학 전에 수학 과목을 위해 준비해야 할 것이 있다면 그것은 '문제집을 몇 권 풀었느냐'가 아니라 '수학적 감각을 얼마나 몸으로 익혀 두었느냐'인 것이다.

곱셈(구구단)

입학 전부터 구구단을 외워 오는 아이들이 많다. 물론, 우리 아이도 어릴 때 유치원에서 구구단 노래를 배우고 따라 부르곤 했었다. 그렇지만 그건 그 노래를 부를 때뿐이었고, 다 잊어버리고 말았다.

곱셈은 2학년 1학기 마지막 단원에 처음 나온다. 몇 씩 뛰어 세기, 수를 여러 가지 방법으로 묶어서 세기를 하며 몇의 몇 배를 배운다. 그러면서 곱셈의 개념을 배운다. 그 개념을 배우고 나면 4의 5배를 4를 5번 더해서 20, 그것을 곱셈식으로 표현하면 4×5=20, 이렇게 배워 나가는 것이다. 그런데 이 내용을 배울 때 4를 5번 더해 보라고 하면, '나는 4×5를 할 줄 안다.' 하고 20, 이렇게 바로 이야기하는 아이들이 많다. 이 단원은 곱셈을 외워서 적는 것이 아니라 거듭되는 덧셈이 곱셈으로 연결된다는 것을 배우는 단원이다. '곱셈'이라는 수학적 개념을 배우게 되는 단원에서 구구단을 외워 답을 쓴다면, 구구단을 섣불리 외우는 것을 고민해 볼 필요가 있다.

9+6=15를 계산할 줄 안다고 1학년 수학 내용 전체에 있는 덧셈의 개념을 다 아는 것이 아니듯, 곱셈은 구구단만 외울 줄 알면 된다고 착각하지 않았으면 좋겠다. 이미 구구단을 외운 친구들은 2학년 1학기에 곱셈의 원리에 대해 배울 때 교과서에 나오는 원리대로 차근차근 배워 나갔으면 좋겠다.

수학 문제 풀어 보기

- 문제 한 줄, 놓치지 않고 정확히 읽기

수학 문제를 풀 때 중요한 첫 번째는, 문제를 정확하게 읽는 것이다. 아이들이 덧셈을 배울 때 문제를 제대로 읽지도 않고 문제에 나와 있는 숫자 2개를 더하는 모습을 많이 보았다. 1학년 수준에서는 이렇게 풀어도 대개 맞출 수 있지만, 이렇게 문제를 푸는 것이 습관이 된다면 학년이 올라가서도 문제를 잘 읽지 않을 수 있다. 흔히 '문제를 잘못 봐서', '실수로' 틀렸다고 하는 경우가 많은데, 이건 문제를 대강 읽는 습관이 학년이 올라가서도 그대로 남았기 때문이다.

아이들과 수업 시간에 풀었던 문제 중에 이런 문제가 있었다.

나는 사탕을 9개 가지고 있었습니다. 동생이 사탕을 6개 더 주었다면 사탕은 모두 몇 개인지 ○를 그려 구해 보세요.

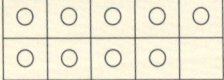

이 문제를 풀 때 많은 아이가 9+6 옆의 네모 칸 안에 15라고만 답을 적어서 제출했다. 문제에서는 분명히 ○를 그려서 구하라고 되어 있음에도 불구하고 말이다.

오답률이 높았던 문제를 하나 더 소개하겠다.

갈색 달걀을 그림과 같은 달걀 용기에 담으려고 합니다. 갈색 달걀을 모두 담으려면 달걀 용기는 몇 개 필요할까요?

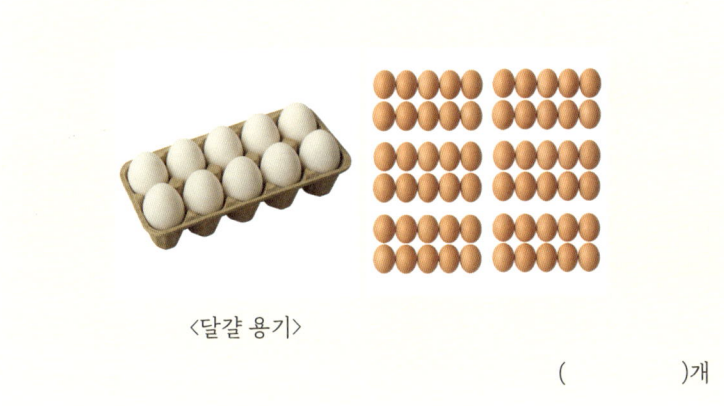

〈달걀 용기〉

( )개

100까지의 수 단원에서 풀었던 문제이다. 문제 속에서 개념을 어렵게 찾아내어 풀어야 하는 문제가 아니다. 그런데도 아이들이 많이 틀리는 이유는 문제를 제대로 안 읽기 때문이다. 많은 아이가 갈색 달걀의 개수만 세어 60개라고 답을 했다.

저자는 아이와 1학년 수학을 시작할 때 가장 중요하게 생각했던 것이 '문제 정확히 읽기'였다. 그냥 읽으면 되지, 하고 생각할 수 있지만, 아이들에게는 매우 어렵고 힘든 일이다. 이제 막 한글을 익힌 아이들이 문장으로 된 문제를 읽으려면 큰 노력이 필요하다. 부디 단 하나의 문제를 풀더라도 차근차근 읽으면서 문제 풀이에 집중하자.

- 숫자 바르게 쓰기

아이들의 문제를 채점하다 보면 많은 아이가 숫자를 정확하지 않게 쓰는 것을 발견할 수 있었다. 0을 6처럼 쓰는 것은 흔했고, 숫자를 대강 적는 경우가 많았다. 이런 아이들은 대개 한글도 획순에 맞지 않게 날려 쓰는 경우가 많다. 글자든 숫자든 정성스럽게 쓰는 것이 연습되지 않은 것이다. 글자도 마찬가지겠지만 숫자도 처음 배울 때 제대로 배우지 않으면 아이들이 편한 방법을 찾기 때문에 고치기가 어려워진다. 특히 수학은 숫자를 정확하게 쓰는 것이 매우 중요하다. 채점자가 숫자를 알아보지 못하면 틀린 답으로 처리되기 때문이다. 처음부터 숫자를 바르게 쓰고, 정성을 들여 적는 습관을 길러야 한다.

- 검산하는 습관

수학 시간에 수학 교과서에 있는 내용을 배우고 나면 수학익힘책을 푼다. 그러면 먼저 푼 학생부터 수학익힘책을 검사하는데, 빨리 풀고 1등으로 검사를 받으려고 하는 아이들이 있다. 이렇게 문제를 풀어 오는 아이들일수록 오답이 많다. 문제를 제대로 읽지도 않고, 숫자도 대충 적어 버리는 경우가 많기 때문이다. 수학은 정확성이 중요하다. 처음 문제를 풀 때는 시간이 걸리더라도 차근차근 읽으며, 정확성을 높이는 것이 필요하다. 그래서 문제를 풀고 나면 반드시 검산하는 습관을 어릴 때부터 가져야 한다. 수학 문제를 풀 때 틀리지 않는 가장 좋은 방법은 푼 문제를 다시 한번 확인하는 것이다. 문제 푸는 속도는 반복과 숙련을 통해 자연히 빨라지게 된다.

- 이렇게 풀었어요! (수학적 의사소통)

수학을 공부할 때 배운 내용을 확실히 알고 있는지 확인하는 좋은 방법은 다른 사람에게 설명하는 것이다. 다른 사람에게 설명해 보면 내가 어떤 부분을 모르고 있는지도 점검할 수 있고, 설명하며 개념을 더 잘 이해하고 오래 기억할 수 있게 되기도 한다. 설명하는 것은 나중에 서술형 문제의 풀이 과정을 쓰는 데에도 도움이 된다.

- 문제 유형의 반복

지금 당장 수학 시험을 100점 받기란 의외로 매우 쉽다. 많은 문제집에 있는 문제들의 유형을 파악한 다음 비슷한 문제를 계속 풀면 된다. 틀린 유형이 있으면 숫자만 바꿔서 무한 반복하면 된다. 그런데 이런 공부 방법을 계속 유지하면 학년이 올라가서도 잘할 수 있을까? 풀이 과정을 외우듯 하는 공부는 수학이 아니라 암기과목이다. 학년이 올라갈수록 수학은 암기로 해결할 수가 없다. 세상에 있는 모든 문제를 외워서 푸는 것은 수학을 학습하는 의미도 없다.

문제집을 풀 때는 한 문제를 풀더라도 충분히 고민하고 생각하는 시간을 가져야 한다. 문제를 읽으며 무엇을 묻는지 파악하고, 필요한 수학적 개념을 떠올리는 과정에서 충분히 고민해 보는 습관을 처음부터 들여야 한다. 1학년은 배우는 수학 개념이 많지 않아서 문제집에 나오는 문제 유형에 한계가 있다. 그러다 보니 문제를 계속 풀다 보면 숫자만 바뀌는 문제의 계산 방법을 외워서 풀게 된다. 이렇게 수학 문제를 푸는 것은 초등학교, 중학교까지의 수학 학습에는 어느 정도 효과가 있지만, 고등학생이 되어서 사고력을 요하는 수능 시험 문제를 풀 때는 한계에 부딪히게 된다.

수학적 개념을 충분히 생각하면서 수학 문제를 푸는 예를 들어 보면, '연두색 구슬이 9개, 주황색 구슬이 6개 있습니다. 구슬의 수는 모두 몇 개일까요?'라는 문제를 풀 때, 먼저 어떤 수학 개념이 필요한지 고민하는 것이다. 내가 알고 있는 개념 중 '모으기'인지 '가르기'인지를 떠올려 볼 수 있다. 문제가 모두 몇 개인지 물었기 때문에 '모으기'가 될 것이고, 그렇다면 이 문제는 '덧셈'으로 풀어야 한다는 것을 떠올릴 수 있다.

좀 더 어려운 문제를 보자.

> 다음 수 중에서 두 수의 차가 가장 작은 뺄셈식을 만들어 보세요.
> 1　4　5　9

아이들은 처음 문제를 풀 때 직관적으로 '4와 5가 붙어 있으니 차가 가장 적다'고 접근할 수 있다. 하지만 문제를 읽으며 뺄셈의 개념까지 떠올려 보는 것도 중요한 연습이 된다. 뺄셈에는 크게 두 가지 개념이 있다. 바로 '제거'와 '비교'이다. 아이들이 이 용어까지 꼭 외워야 하는 것은 아니지만, 뺄셈이 어떤 상황에서 어떻게 사용되는지를 이해하고 있으면 문제에 담긴 개념을 정확히 찾아낼 수 있다. 이 문제는 바로 뺄셈의 '비교' 개념이 적용되는 문제다. 차가 작은 경우를 찾는 것이므로, 두 수가 서로 가깝다는 점을 떠올려야 한다.

물론 아이들이 이렇게까지 문제 푸는 것은 힘들고 어렵다. 그러나 단순히 유형만 많이 반복해서 그 문제 푸는 방법을 외우는 것은 언젠가 한계에 부딪힐 수밖에 없다. 처음 문제를 접할 때 문제 속에 있는 개념과 풀이 과정을 고민하며 풀어나가는 습관을 들인 아이는 학년이 올라가서 심화 문제를 풀 수 있다. 또 고등학생이 되어서도 수학에 자신감을 잃지 않을 것이다.

2학년이 되면 선생님에 따라 '단원평가'를 시행하기도 한다. 이때 받는 아이들의 점수에는 많은 의미가 담겨 있다. 많은 유형의 문제를 달달 외워서 100점을 받은 아이와 그보다 적은 문제를 풀었지만 스스로 생각하며 문제 속의 개념과 문제의 의미를 이해하며 풀어 90점을 받은 아이가 있을 때, 누가 수학을 더 쉽고 재미있게 느끼며, 앞으로 누가 수학 점수를 더 잘 받을 수 있을까?

저자가 하고자 하는 말은 비슷한 유형의 수학 문제 풀기를 반복하지 말라는 것이 아니다. 문제를 풀 때 그 문제에 담긴 개념과 문제의 뜻을 충분히 생각하고 익히면서 풀어야 한다는 것이다. 모르는 문제, 틀린 문제가 있으면 문제 안에서 어떤 개념을 놓쳤고, 어떻게 생각하는 것을 놓쳤는지 찾아내서 비슷한 다른 문제로 반복하여 완전히 내 것으로 만드는 과정도 필요하다.

- 연산 기본기 탄탄히 다지기

9+6이 왜 15가 되는지 충분히 이해했으면, 연산 문제를 반복해서 연습하여 계산 속도가 빨라지도록 하는 것도 꼭 필요하다. 1학년 2학기가 되면 벌써 아이들의 연산 속도에 차이가 난다. 9+6을 손가락으로 푸는 아이, 동그라미로 푸는 아이, 교과서에서 배운 방법을 표시해 가며 푸는 아이, 머릿속으로 암산해서 푸는 아이 등 여러 아이의 모습을 볼 수가 있다. 앞서 이야기했듯이 수학 내용을 배울 때는 문제를 푸는 여러 가지 방법을 떠올리며 고민해야 한다. 그렇지만 연산 문제는 머릿속으로 암산될 때까지 반복해야 한다. 학년이 올라가면 문제가 길어져 문제 속에 있는 개념과 무엇을 묻는 것인지 찾는 데에도 시간을 써야 하는데, 계산하는 데 오랜 시간이 걸리면 문제를 제시간 안에 풀 수가 없다.

계산이 빨라지기 위해서는 2가지가 필요하다. 수학적 감각과 반복이다. 9+6이 15가 되는 과정에서 '9에서 1을 먼저 더해 10을 만들어 주고, 나머지 5를 더한다.' 이러한 수학적 감각을 떠올리면서 무수히 반복하다 보면 언젠가는 바로 15라는 답이 나올 것이다. 할 줄 아는 것과 완전히 자기 것이 되는 것은 다르다. 매일 조금씩 연습하며 반복하는 것이 중요하다.

사고력 쑥쑥 심화학습

최근 '최상위권'을 위한 수학 문제집의 인기가 날로 높아져 판매량이 늘어나고 있다는 소식을 들었다. 그런데 1학년 아이들에게 어느 정도 깊이 있는 심화 문제를 풀어야 하는지 생각해 보면, 수학익힘책에 있는 정도가 적합하다. 심화 문제를 푸는 이유는, 깊이 있게 사고하며 수학 문제를 해결하는 경험을 쌓기 위함이다. 깊이 있게 생각하는 사고력을 키우기 위해서는 너무 어려운 난이도의 심화 문제보다는 수학익힘책 정도의 문제가 적당하다. 1학년 때 배우는 수학 내용은 그 개념의 양이 적어서 이 개념으로 심화 문제를 만드는 데 한계가 따른다. 그러다 보니 억지로 심화 문제를 만들면 문제의 질이 떨어지거나, 상위 학년에 나오는 개념을 도입해서 문제를 낸 경우가 많다. 아이의 수준에서 도저히 생각할 수 없는 너무 어려운 문제들을 계속 풀게 한다면 아이들은 수학을 싫어하게 되거나 수학에 자신감을 잃게 될 수도 있다. 괜히 어려운 문제를 더 풀려고 하기보다는 그 시간에 책을 읽는 것이 아이들의 수학 실력 향상에 더 많은 도움이 된다고 생각한다. 한 단계 정도 위의 심화에 도전해야지, 어릴 때부터 경시대회나 영재원을 준비하듯 너무 어려운 문제를 계속 풀게 한다면 아이들은 수학을 멀리하게 될 것이다.

1학년 때 수학을 깊이 있게 공부하고 싶다면 아이들이 직접 만져 보고, 조작해 보는 식의 사고를 연습하는 수학을 추천한다. 사고력 수학은 문제집을 풀어 점수를 올리는 것이 아니라, 조작과 탐구를 통해 수학의 원리를 몸으로 이해하는 과정이다. 이때 쌓인 경험이 차후 훨씬 탄탄한 수학 실력으로 연결될 수 있다.

문해력과 수학의 만남

수학은 국어를 바탕으로 하지 않으면 결코 풀어낼 수 없다. 수학을 잘하고 싶다면 책을 많이 읽어야 한다. 수학 문제도 결국 글로 적혀 있기 때문이다. 문제 속에 담긴 글을 먼저 정확히 이해해야 하고 그 안에서 어떤 수학적 개념이 필요한지를 찾아내야 비로소 문제 풀이가 가능해진다.

문해력이 부족하면 학년이 올라갈수록 수학 문제의 길이가 길어졌을 때 난관에 부딪히게 된다. 그저 연산만 잘한다고 해서 수학을 잘한다고 할 수 없는 이유가 여기에 있다. 문제의 지문을 이해하지 못하면, 아무리 계산 능력이 뛰어나도 문제를 풀 수 없다.

단원 첫 장 정복하기

교과서에서 단원의 첫 부분은 반드시 꼼꼼히 살펴야 한다. 이 부분은 이전에 배운 개념들을 바탕으로 새로운 개념을 도입하는 단계이다. 수학적 개념이 왜 필요한지, 어떤 맥락에서 새롭게 등장했는지를 자연스럽게 알 수 있도록 구성되어 있다. 직접 세어 보고, 그려 보면서 이렇게 하는 것이 불편하다는 것을 느끼고, 더 편한 방법을 찾는 내용을 배우면서 새로운 수학 개념의 필요성을 느끼게 된다. 단원의 첫 부분에서 수학적 개념의 필요성도 알게 되고, 내가 알고 있는 지식과도 연결하게 되면서 개념 간의 연결이 자연스럽게 되고, 더 튼튼해진다.

☑ <세 번째 주제>

학교생활에 관한 그 밖의 것들

기본 생활 습관과 기본 학습 습관을 잘 갖춘 아이는 학교 적응도 자연스럽게 이루어진다. 어릴 때부터 올바른 습관을 형성하기 위해 노력한 아이들은 학교생활에서 크게 어려움을 겪지 않는다. 따라서 무엇보다 앞서 이야기한 생활습관을 차분히 갖춰 나가는 것이 가장 중요하다. 기본이 잘 마련되었다면, 그다음으로 학교생활에서 신경 써야 할 몇 가지를 살펴보자.

1) 알림장 완전 정복

　선생님이 올려 주시는 알림장은 반드시 꼼꼼히 확인해야 한다. 그리고 알림장은 반드시 아이와 함께 읽는 것이 좋다. 최근에는 종이 알림장 대신 다양한 알림장 앱을 활용하는 학교가 많아졌다. 알림장에는 학교의 주요 전달 사항, 수업 내용, 생활지도, 활동사진 등이 안내되는데 선생님의 스타일에 따라 담기는 내용이 조금씩 다르다.

　아이와 함께 알림장을 읽으며 자연스럽게 학교생활 이야기를 나눌 기회를 만들자. 아이가 스스로 챙겨야 할 준비물을 확인하게 하고, 학급에서 있었던 일을 스스로 설명하도록 유도하면 학교에 대한 주인의식과 책임감이 자란다. 특히 담임 선생님께서 올려 주신 활동사진은 아이와 반드시 함께 보길 권한다. 아이의 학교생활을 엿볼 수 있을 뿐 아니라 부모가 함께 관심을 가지면 아이는 학교생활과 학습에 더욱 성실하게 임하게 된다.

작품 사진이 올라오면 다른 친구들과의 비교를 피해야 한다. 친구들의 작품을 보면서 내가 배울 점, 새롭게 느낀 점을 찾아보게 유도하는 것이 더 건강한 학습이 된다. 또래 친구들의 생각을 보는 것 자체가 아이에게는 발달적인 자극이 될 수 있다. 누가 잘했는지, 누가 부족했는지를 평가하는 것이 아니라, 서로의 생각을 존중하며 배우는 태도가 훨씬 중요하다.

2) 편한 옷 입기

　학교에는 편한 옷을 입고 가자. 2022 개정 교육과정에 아이들의 놀이 활동 시수가 많이 늘어났다. 그뿐만 아니라, 국어, 수학 수업을 할 때도 가만히 앉아서 수업을 듣는 것보다 몸을 움직여서 활동하는 것들이 많아졌다. 몸에 불편한 옷을 입고 어떻게 이런 활동들을 할 수 있겠는가? 예쁜 옷보다는 아이들이 몸을 움직이기에, 활동하기에 편한 옷을 입고 가도록 신경을 써 주어야 한다. 특히 미술 활동을 할 때 물감 등이 묻어도 괜찮은 옷을 입고 가는 것이 좋다. 옷에 묻은 물감 등이 신경 쓰여서 작품 활동에 집중할 수 없다면 이것은 주객이 전도된 일인 것이다.

　특히 여름과 겨울의 옷차림을 신경 써야 한다. 날씨에만 옷차림을 맞추면 실내에서 생활하는 아이들에게 온도가 맞지 않을 수 있다. 여름에는 에어컨을 트는 실내에 맞춰 가벼운 외투를 준비하고, 히

터를 트는 겨울에는 너무 두꺼운 기모 옷을 입지 않도록 주의해야 한다.

3) 꼭 필요한 학용품 고르기

 아이들의 학용품에 각종 캐릭터가 그려져 있고, 여러 가지 기능이 추가된 것들이 많다. 손잡이를 드르륵 올리면 지우개가 나오는 지우개, 요술 연필, 변신하면 로봇이 되는 필통 등 장난감이 없는 학교에서 장난감처럼 가지고 노는 학용품들이 있다. 이런 것들은 수업 시간에 집중을 방해하는 요소가 되기도 한다. 필통은 필통의 기능, 지우개는 지우개의 기능만 하는 것들을 챙기는 것을 추천한다.

4) 교실에서 만나는 다양한 감정

 우리는 즐겁고, 재미있고, 기쁘다는 감정도 느끼지만, 때로는 슬프고, 괴롭고, 힘들고, 짜증 나는 감정도 느낀다. 아이들도 마찬가지이다. 오히려, 즐겁고 재미있는 감정만 느낀다면 삶의 다양한 감정을 배우고 성장할 기회를 놓치게 된다. 학교생활 역시 아이들이 다양한 감정을 경험하게 되는 공간이다.

 학교는 항상 즐겁기만 한 곳이 아니다. 친구와 다투기도 하고, 하기 싫은 활동을 해야 할 때도 있다. 놀이에서 질 수도 있고, 선생님께 칭찬받을 때도 있지만 지적을 받을 때도 있다. 이처럼 다양한 감정과 상황을 겪는 것이 학교생활이다. 이럴 때 부모의 태도가 중요하다. 친구와 싸웠다고 "그 친구랑 놀지 마라" 하지 말고, 선생님께 혼났다고 바로 "왜 우리 아이를 혼내셨냐"고 따지기보다는, 아이의 이야기를 차분히 듣고 공감하며, 앞으로 어떻게 대처하면 좋을지 함께 이야기해 주는 것이 필요하다.

　학교는 사회생활을 연습하는 곳이다. 친구 관계에서 갈등도 경험해야 하고, 때로는 힘든 상황을 스스로 헤쳐 나가는 연습도 필요하다. 부모가 모든 일에 직접 개입하기보다는, 아이가 스스로 고민하고 판단할 수 있도록 옆에서 조언하고 격려하는 것이 아이의 성장을 돕는다. 특히 아이들의 작은 다툼에 부모가 감정적으로 개입하면 오히려 부모들 간의 불필요한 갈등으로 번질 수 있다. 아이들은 금세 다시 화해하고 어울리지만, 부모끼리는 오히려 어색해지는 경우도 생긴다. 아이가 부끄러운 이야기나 선생님께 혼난 일을 이야기할 때는 솔직하게 이야기할 수 있도록 진심으로 받아 주는 것이 중요하다. 그렇지 않으면 아이는 점차 부모에게 이야기하는 것을 꺼리고 감추게 된다.

5) 서로의 마음을 여는 학부모 상담

학부모 상담을 하다 보면 교사가 아이의 부족한 점을 이야기하게 될 때가 있다. 이때 학부모는 교사의 이야기를 편견 없이 들어 주시면 좋겠다. 그리고 아이가 고쳐야 할 부분에 대해 함께 노력해 보겠다는 열린 자세로 받아들이면 아이에게 더 큰 도움이 된다.

아이의 학교생활 모습은 가정에서의 모습과 다를 수 있다. 집에서는 부모, 형제자매 등 익숙한 사람들과 지내지만, 학교는 또래 친구들과 선생님 등 새로운 관계 안에서 생활한다. 이런 환경 차이로 인해 집에서 잘하는 부분이 학교에서는 어려워질 수도 있고, 반대로 학교에서 더 잘하는 부분이 나타날 수도 있다.

선생님이 아이의 걱정되는 부분을 이야기할 때는 이미 심사숙고한 끝에 조심스럽게 말을 꺼내는 경우가 많다. "우리 아이를 왜 그렇게 보느냐"는 식의 방어적인 태도를 보이면, 교사는 더 이상 솔직한 이야기를 나누기 어려워진다. 결국 문제가 모른 척 덮인 채 시간이 흘러가 버릴 수도 있다. 아이의 문제를 두고 선생님과 허심탄회하게 이야기를 주고받으며 함께 해결책을 고민할 수 있을 때, 아이가 훨씬 건강하게 성장할 수 있다. 교사와 학부모가 같은 편이라는 사실을 잊지 말자.

6) 교외체험학습 가이드

　교외체험학습은 그냥 수업을 빠지고 놀러 가는 것이 아니다. 출석으로 인정되는 교육활동으로, 학교 밖에서 체험할 기회를 마련해 주는 것이다. 아이와 함께 교외체험학습을 떠난다면, 그냥 여행이 아니라 배움으로 연결될 수 있도록 준비해 주면 좋다. 체험학습 장소를 미리 지도로 찾아보고, 여행지의 지리적 특징이나 역사적 배경을 함께 공부하는 것도 좋은 방법이다. 이렇게 준비하며 떠난 체험학습은 의미 있는 학습이 된다.

　교외체험학습을 할 때 작성하는 신청서와 보고서 역시 아이가 스스로 작성하도록 해야 한다. 부모가 대신 적어 주는 것이 아니라, 아이가 직접 계획을 세워 보고 다녀와서 느낀 점을 글로 정리해 보는 경험이 소중하다. 특별히 어려운 글을 쓰라는 것이 아니다. 신청서에는 내가 가고 싶은 곳, 하고 싶은 활동을 쓰고, 보고서에는 어디에 다녀왔는지, 무엇을 했는지, 어떻게 느꼈는지를 일기 쓰듯 기록하면 충분하다.

7) 학생정서·행동특성검사

1학년과 4학년 초에 시행하는 검사 중에 학생정서·행동특성검사가 있다. 아이의 행동과 발달에 대한 체크리스트 항목을 부모가 작성하여 아이의 발달 정도를 확인하고, 상담이나 치료와 같은 적절한 지원을 해 주기 위함에 그 목적이 있다. 그런데 이 학생정서·행동특성검사를, 혹여 내가 너무 부정적으로 체크를 해서 아이에게 낙인이 찍힐까 걱정되는 마음에 좋은 쪽으로 검사결과지를 내는 경우가 있다. 학교에 기록이 남고, 낙인찍히는 것이 싫다고 아이를 있는 그대로 받아들이지 않으면, 나중에 학교생활에서 더 큰 어려움을 겪게 된다. 사실 담임선생님은 교실 속 아이의 모습을 이미 충분히 알고 있다. 다만 학부모가 받아들이지 않으면 조심스러워 말을 아끼고 있을 뿐이다. 결국 솔직하게 작성하지 않으면, 필요한 지원을 적기에 받지 못하고 시간이 흐를수록 상황이 더 어려워질 수 있다. 이 검사는 아이를 평가하거나 낙인찍기 위해 실시하는 것이 아니다. 아이의 발달을 도와주고 성장의 방향을 찾기 위한 도구일 뿐이다.

학생정서·행동특성검사 결과에서 '관심군'으로 나오게 되면 학교 Wee센터, 상담전문가, 또는 병원과 연계하여 보다 전문적인 도움을 받을 수 있다. 아이의 발달과정을 객관적으로 살펴볼 수 있는 기회로 삼고, 솔직하게 체크하여 학교 상담 선생님과 적극적으로 협력하길 바란다. 학부모가 먼저 마음을 열고 솔직하게 상황을 이야기하면, 선생님도 아이를 위해 최선을 다해 도와주려는 마음이 커진다.

8) 선생님께 배우는 지혜

학부모가 되어서 아이의 학교생활을 지켜보다 보면 '선생님이 이럴 때 이렇게 해 줬으면, 저렇게 해 줬으면….' 하는 생각이 들 때가 있다. 선생님의 좋은 점도 있지만, 마음에 들지 않는 점도 있을 것이다. 이때 어떤 마음을 가지느냐에 따라 아이가 성장할 수도, 아니면 1년을 그냥 헛되이 보낼 수도 있다.

선생님 입장에서는 20여 명이나 되는 아이들의 개별적인 요구를 모두 들어주기는 어렵다. 단체생활 속에서는 가정과는 분명히 다른 지도 방식이 필요하고, 모든 것이 내 뜻대로 맞춰지지는 않는다. 하지만 선생님마다 분명 각자의 장점과 좋은 교육적 재능을 갖고 계신다. 부모가 선생님의 장점을 발견하고 아이와 함께 그 부분을 배우려고 노력한다면, 아이는 매년 선생님으로부터 조금씩 성장의 자양분을 받아 가게 된다.

특히 아이 앞에서 선생님이나 학교에 대한 불평을 하지 않는 것이 중요하다. 아이들은 부모의 말에 큰 영향을 받는다. 부모가 선생님을 비판하는 말을 반복하면, 아이는 선입견으로 선생님을 대하게 된다. 이는 결국 학교생활 자체에 대한 부정적인 태도를 만들어 낼 수 있다. 반대로, 학교생활에서 긍정적인 부분들을 아이와 함께 이야기 나누자. "오늘 선생님께서 이런 점을 가르쳐 주셨구나", "이렇게 배워서 좋겠다" 하고 부모가 관심을 가지면, 아이는 선생님과 학교에 대한 신뢰를 쌓으며 안정적으로 학교생활을 해 나갈 수 있다.

9) 방학 보내기

　요즘은 방학 동안에 학교에서 내주는 특별한 숙제가 없다. 방학은 쉼이 되어야 하기 때문이다. 그렇지만 방학에도 아이들이 규칙적으로 생활하고 스스로 하는 습관을 유지할 수 있도록 가정에서 노력해야 한다. 어린이집이나 유치원은 짧게는 며칠, 길게는 2주 정도의 방학을 보내지만, 학교의 방학은 한 달 가까이 된다. 이 긴 기간을 어떻게 준비하고 보내느냐는 아이의 다음 학기 생활에 많은 영향을 끼치게 된다. 무작정 여기저기 학원을 보내고 공부만 시키면 아이에게 힘든 방학이 될 수 있다. 제일 좋은 방학은 아이와 함께 방학 계획을 세우며, 아이 맞춤식 방학을 보내는 것이다. 만약 1학기 때 학교 학습 및 생활 습관에 부족한 점이 있다면 당연히 이것부터 노력해야 한다. 앞선 내용에 구멍이 있는데, 무작정 그다음 학기를 예습하는 것은 아이의 빈 구멍을 더 커지게 만드는 것과 같다. 예습보다 중요한 것은 복습이다. 당장은 느린 것처럼 보이지만 그것이 제일 빠른 정도의 길이다.

　또 방학은 충분한 휴식의 시간이 되어야 한다. 1학년의 학교생활이 일찍 끝나고, 배우는 내용도 많지 않아 아이들이 별로 힘들어하지 않았으리라 생각할 수 있지만, 아이들은 긴장하며 지내야 하는 학교생활이 결코 편하지 않다. 그래서 휴식이 정말 중요하다. 한 달간의 휴식은 그다음 학기에 힘을 내는 좋은 기회가 된다. 그렇다고 미디어에 빠져 있으라는 것은 아니다. 학생의 방학은 유치원생의 방학과는 달라야 한다. 어떻게 방학을 잘 보낼지, 크게 3가지로 생각해 볼 수 있다.

학습 점검하기

　가장 먼저 해야 할 일은 지난 학기에 배운 내용들을 꼼꼼히 점검하는 것이다. 학습에 빈틈이 있다면 방학 중에 반드시 보충하도록 하자. 구멍이 난 부분을 보완하지 않으면 학년이 올라갈수록 점점 따라가기 힘들어진다.

다양한 경험 하기

방학은 야외에서 다양한 체험을 하는 좋은 시기이다. 또한 아이들은 가족과 함께 보내는 시간을 가장 즐거워하고 좋아한다. 가족과 함께 다양한 체험 및 경험을 많이 하면 좋겠다. 앞서 구체적인 체험과 활동이 1학년에 학습에서 가장 중요하다고 했었다. 이를테면 1학년 학교 수업 활동은 이런 것이다.

> 가족과 함께 물놀이한 풍경을 그리고, 그 느낌을 간단하게 문장으로 적어 보세요.

이런 활동을 자신감 있게 하려면 어떤 것이 필요할까? 문제집에서 '다음 중 물놀이하는 모습으로 알맞은 것을 고르시오.'를 열심히 푸는 것이 필요할까? 아니면 책에서 '물놀이는 재미있는 것이다.'라고 적혀 있는 것을 읽는 것이 필요할까? 당연히, 실제로 가족과 물놀이하며 놀았던 경험, 추억 등을 떠올리고, 그때의 느낌을 생각하는 아이가 훨씬 자신감 있게 수업 시간에 글과 그림으로 표현할 수 있을 것이다. 저학년 학생의 발달 단계에서는 실제로 경험한 것들이 아이들 머릿속에 많이 남게 된다. 그래서 지금 시기에는 다양한 경험을 하는 것이 매우 중요하다.

암기하는 주입식 공부를 많이 하는 것은 단편적인 지식을 쌓을 수는 있지만, 정작 그 내용을 활용하고 실생활에 적용하기는 힘들다. 직접 경험하면서 느끼고, 몸으로 부딪쳐 본 것이 기억에 오래오래 남아 학교 수업 시간에 잘 활용할 수 있다. 그래서 학교 교육과정에 나오는 내용들을 직접 체험하고 몸으로 느낀다면 그것 자체가 복습이 되는 것이고, 2학기 수업 시간에 그것을 활용하여 그림으로 표현할 수도 있고, 발표도 할 수 있다. 지금 학교에서 하는 것들에 자신감이 생기면 앞으로의 학교생활에도 긍정적인 영향을 끼치게 될 것이다.

습관 형성하기

평소 학교생활에서 고치고 싶거나 노력하고 싶은 것이 있다면 방학 동안 실천해 보자. 한 달간 꾸준히 노력하면 2학기의 학교생활에 많은 변화가 있을 것이다.

방학 동안에 실천할 좋은 습관

- 일찍 자고, 일찍 일어나기
- 규칙적으로 식사하기
- 매일 1권씩 책 읽기

- 하루에 30분씩 운동하기
- 피아노 등 악기 1가지 연습하기
- 하루에 집안일 1가지씩 돕기

☑ <네 번째 주제>

학부모로서 부모의 역할

1학년을 마치고 2학년이 된 우리 아이의 모습을 상상해 보자. 학교에 잘 적응해서 기본 생활 습관과 기본 학습 습관이 잘 자리 잡힌 아이는 학교에서 하는 공부를 큰 어려움 없이 해내고 있을 것이다.

지금부터 할 이야기는 앞으로 아이가 긴 학령기를 보내는 동안 학부모로서 어떤 역할을 해야 하는지, 그리고 육아 전반에 걸친 그 밖의 이야기들이다.

1) 놀이터에서 배우는 지혜

아이들의 창의성은 어떻게 키울 수 있을까? '창의성'이란 이름이 들어간 학원을 가야 할까? 창의성 문제집을 풀어야 할까? 저자가 아이들의 작품을 통해 경험한 바에 따르면, 창의성이 뛰어난 아이들은 풍부한 경험을 많이 쌓은 아이들이었다. 수업 주제와 관련하여 실제로 내가 경험한 것들이 많은 아이가 그 속에서 창의성을 발휘할 수 있었다. 단순히 지식을 글로만 배운 아이들은 정형화된, 형식적인 답을 떠올리고 표현하게 된다. 창의성이란 아무것도 없는 상태에서 나오는 독특한 생각이 아니다. 아무 배경지식이 없는 상태에서는 창의성이 발휘될 수가 없다. 다양한 지식과 풍부한 경험이 쌓여서 만들어지게 된다.

주말에 알로에 체험, 벼 베기 체험, 딸기 따기 체험 등 각종 체험을 다니다 보면 어린아이를 데려온 많은 가정을 볼 수 있었다. 유아 시절에는 이렇게 각종 체험을 많이 다니다가, 좀 커서는 왜 주말에도 학원 스케줄로 아이들이 바쁜지 모르겠다. 사실 이런 체험들을 학습적으로 잘 받아들이는 시기는 초등학생부터이다. 교과서로만 배운 지식이 실제로 경험한 체험들로 인해 더 잘 이해되고 내면화될 수 있다. 새로운 경험을 통해 지식을 쌓고 집에 돌아간 뒤에 관련 내용을 찾아보며 깊이 있는 심화학습도 가능해진다.

이렇게 가족들과 함께 특별한 곳에 가서 특별한 경험을 하는 것도 좋지만 일상에서 잘 놀면서도 많은 경험을 쌓으면 좋겠다. 특히, 하교 후에 잘 놀기를 바란다. 미디어를 접하라는 것이 아니다. 하교 후에 가족과 함께 잘 놀았으면 좋겠다. '가족' 주제로 수업을 하면 아이들이 부모님이 생각하는 것 이상으로 부모님과 함께 보내는 시간을 좋아하고, 같이 시간을 보내길 원한다는 것을 알 수 있었다. 그래서 아이와 함께 놀이터, 공원에서 잘 놀았으면 좋겠다.

놀이터에 놀러 나가면, 미끄럼틀 몇 번, 시소 몇 번 타고 나면 놀이터는 지겨워진다. 아이와 놀이터에 놀러 나갈 때, 나도 어린 시절로 다시 돌아갔다고 생각하고 아이와 진심으로 같이 놀길 바란다. 언젠가 아이와 놀이터에 나간 적이 있었는데, 가을이라 놀이터 주변에 빨간 열매가 많이 열린 나무가 있었다. 그 열매가 익어서 바닥에 많이 떨어져 있었는데, 바닥에 떨어져서 아직 터지지 않은 열매를 주워 보니 그 열매의 내용물이 마치 케첩처럼 짜졌었다. 그날은 아이와 함께 돌멩이와 나뭇잎을 주워다가 핫도그 가게 놀이를 했다. '케첩 뿌려 드릴까요?' 하며 돌멩이에 케첩 열매를 짜 주면서 얼마나 재미있게 놀았는지 모른다. 돌멩이에 열매 케첩으로 아이 이름도 써 가며 그냥 즐겁게 놀았다. 열매가 없던 날은 바닥에 있는 나뭇가지에 떨어진 낙엽을 끼워서 떡꼬치를 만들고, 무인 가게 놀이를 했다. 이런 식으로 즐겁게 놀며 자연스럽게 창의성을 발휘하게 되었다.

집에서 아이와 무엇을 해야 할지 고민될 때는 보드게임을 적극 추천한다. 보드게임은 가족 간의 친밀감을 키워 주고, 아이들의 발달에도 많은 도움을 준다. 한글을 공부하는 '라온', 10을 만드는 '아이씨텐' 등, 보드게임 안에 국어 공부도 있고, 수학 공부도 있다. 또, 규칙을 지키는 것, 이겼을 때의 예절, 졌을 때의 예절, 게임을 잘하기 위해 어떻게 하면 좋을지 생각하는 힘, 자기 순서를 기다리는 인내심 키우기 등 여러 가지를 배울 수 있다. 흔히 아이가 놀고 있으면 공부나 하라고 표현하는데, 앉아서 문제집을 푸는 것보다 이런 활동들이 당장 눈에 보이지는 않지만, 아이가 성장하는 데 훨씬 더 큰 역할을 한다. 아이들은 놀면서 배운다.

추천 보드게임

수 활동 - 아이씨렌, 할리갈리, 루미큐브, 우노
한글 - 고피쉬, 라온
도블, 다빈치 코드

2) 심심할 틈 만들기

　아이들에게는 아무것도 하지 않는, 말 그대로 텅 빈 시간이 꼭 필요하다. 요즘 표현으로 말하자면 '멍 때리는' 시간이 필요한 것이다. 그러나 아이들은 이 심심함을 잘 견디지 못한다. 그래서 부모를 찾고, 같이 놀아 달라고 조른다. 이럴 때 열 일 제쳐 두고 아이와 실컷 놀아 주는 부모라면 정말 훌륭한 분이다. 그러나 현실적으로 많은 부모는 마음으로야 자녀와 놀아 주고 싶지만, 생업이나 여러 사정으로 인해 항상 그럴 수 없는 것이 사실이다.

　이때 심심하다고 칭얼거리는 아이에게 스마트폰을 쥐어 주는 것만은 절대 피해야 한다. 스마트폰은 아이의 심심함을 해소해 주는 것이 아니라, 오히려 아이의 창의력과 문제해결력을 빼앗아 간다. 가장 안 좋은 심심함 해소법이다. 저자의 아이도 1학년 가을쯤이 되자 점차 심심함을 스스로 관리하는 법을 익혀 나갔다. 혼자서 레고를 조립하고, 종이접기를 하며 시간을 보내기 시작했다. 심심할 때마다 반복해서 접었던 종이접기는 학년이 올라갈수록 스스로 새로운 작품을 개발하는 단계까지 이어졌다. 이렇게 심심함을 견디고 나면, 아이들은 그 시간을 스스로 채우는 방법을 배운다. 이 과정에서 상상력과 창의력, 그리고 새로운 놀이를 만들어 내는 문제해결 능력이 자란다.

또 아이들은 심심해야 책을 읽는다. 정말 심심하니, 내가 호기심이 생기는 책을 읽어 보는 것이다. 이렇게 심심한 시간을 활용하는 가장 좋은 방법이 독서다. 우리 아이는 주말 아침에 가장 먼저 일어나서 소파에 앉아 책을 읽곤 한다. 시켜서 하는 것이 아니라 심심하니까, 재미있으니까 하는 것이다. 아이에게 심심한 시간을 관리하는 방법을 알려 주어야 한다.

그렇다고 심심한 시간에 종일 독서만 할 수는 없다. 책을 읽고 나서도 심심하다고 하면 가족끼리 재미있는 놀이도 하고, 보드게임을 하기도 한다. 그때 가족끼리 하는 보드게임은 가족 모두가 정말 진심으로 한다. 부루마블 게임을 한자리에 앉아서 다섯 시간 동안 한 적도 있었다. 어른들도 진심으로 이기려고 했기 때문에 재미있게 게임을 했고, 그 덕분에 아이는 다섯 시간을 한 가지 일에 집중하는 집중력 훈련을 하게 되었다. 놀이를 하는 모든 순간에도 공부는 이루어진다. 게임 돈을 직접 계산하면서 수학 공부를 했고, 은행을 맡으면서 기억력 학습과 책임감 훈련을 하게 되었다.

심심하다고 보채던 아이가 조용히 무언가를 하게 되었다면 스스로 '심심함'이라는 감정을 받아들이고 자신을 조절하여 창의적으로 문제를 잘 해결했다는 것을 의미한다. 아이에게 너무 빡빡한 스케줄로 심심할 틈을 주지 않는 것보다 혼자만의 세계에서 스스로를 탐구하고 성장할 시간을 주는 것도 중요하다.

3) 하교 후 시간 관리

　우리 아이는 학교를 마치면 곧장 집으로 왔는데, 일주일에 하루, 수요일은 학교를 마치고 방과후수업을 듣고 왔다. 우연히 놀러 갔던 곳에 체스판이 있어서 체스 게임을 가르쳐 주었고, 남의 말을 따먹는 것에 큰 재미를 느꼈던 아이는 그 뒤로 체스를 사 달라고 조르고, 체스에 큰 관심을 가지게 되어 방과후수업도 '바둑과 체스'를 다니게 되었다. 그렇지만 수요일에 집에 올 때는 자기가 그토록 좋아하는 '바둑과 체스' 수업을 듣고 오는데도 피곤한 모습으로 돌아오고, 오후에 공부할 때도 많이 힘들어했다. 그래서 수요일은 공부를 많이 하지 않고 쉬었다. 아이들이 방과후수업으로 클레이 수업을 듣고 와도, 방송 댄스 수업을 듣고 와도 마찬가지이다. 어른들이 보기에는 놀다 왔다고 생각할 수 있지만, 아이들 입장에선 힘들게 공부를 하고 온 것과 마찬가지기 때문에 아이들의 고단함을 알아주어야 한다.

학교는 아이들에게 긴장의 연속인 곳이다. 어린이집이나 유치원처럼 놀이 시간이 많은 것도 아니고, 활동이 자유롭지도 않다. 아침에 등교하자마자 해야 할 일들도 있고, 수업 시간에 하는 과제, 그리고 친구 사이에 지켜야 할 규칙도 신경 써야 한다. 아무리 즐겁고 재미있는 활동을 하더라도 집만큼 편한 곳은 아니다. 그래서 집에서 충분히 휴식하는 시간이 필요하다.

우리 아이가 집에서는 마냥 아기 같고 어리광만 피워서 학교에 가서는 잘할 수 있을까, 하고 걱정하시는 부모님이 많은데, 아이들이 집에서 그런 모습을 보이는 것은 당연하다고 생각한다. 오히려 그래야 한다고 생각한다. 집에서만큼은 몸과 마음이 편한 상태로 지내야지, 그것이 충분한 휴식이 되어 학교생활의 긴장을 완전히 내려놓을 수 있다고 생각한다. 만약, 아이가 학교를 마치자마자 여러 학원에 다니고 저녁이 다 되어서야 집에 온다고 생각해 보자. 그러면 이 아이는 어른만큼 일을 하고 퇴근하는 것과 똑같게 된다. 계속 긴장된 상태에서 많은 시간을 보내게 되고, 뇌가 쉴 시간은 부족해진다. 안타깝게도 이런 아이 중에 정서적으로 안정되지 못하거나, 말과 행동에 과잉행동이 나타나는 경우가 종종 있었다.

그렇다고 하교 후에 무조건 쉬라는 것은 아니다. 그리고 휴식 시간에 무엇을 하느냐가 중요하다. 부족한 공부나 하고 싶은 공부를 하는 시간도 필요하고, 책도 많이 읽어야 한다. 그렇지만 놀이터, 공원에서 신나게 뛰어놀고, 집에서 가족과 함께 즐겁게 보내는 시간이 더 많아야 한다. 이 나이 때 아이들은 밖에서 놀면서 배우는 것, 가족들과 놀면서 배우는 것, 보드게임을 하면서 배우는 것, 역할 놀이를 하면서 배우는 것들이 단편적으로 습득한 지식보다 훨씬 중요하다. 이렇게 놀면서 배운 많은 것들이 앞으로 삶을 살아 나가는 데 꼭 필요한 밑거름이 된다.

4) 아이 관심 속으로

　아이마다 캐릭터, 취미, 특별한 관심사 등 자신이 좋아하는 분야가 있을 것이다. 그런 좋아하는 분야를 가족들이 함께 관심 가져 주고, 적극적으로 지지해 주면서 같이 활동해 주는 것이 좋다. 저자의 아이는 여느 아이가 그랬듯 '공룡'을 정말 좋아했다. 그래서 처음에는 공룡 피규어를 사서 역할 놀이를 하며 놀았다. 그리고 아이가 점점 더 공룡에 관심을 가지게 되자, 공룡과 관련된 책을 사서 여러 공룡의 모습을 보며 이야기를 나누었다. 또, 전국에 있는 공룡 박물관을 방문하여 실제 공룡 뼈, 모형, 발자국, 알 등을 보며 공룡의 세계를 넓혀 나갔다. 각종 공룡 도안을 색칠하고 자르면서 손힘도 기르고, 공룡과 관련된 보드게임을 하며 앉아 있는 연습도 했다. 또, 좋아하는 공룡을 소개하고 발표하는 놀이를 하기도 했다. 아이들은 이렇게 놀면서 배우고, 아이가 좋아하는 것을 부모도 함께하면 아이와 부모의 유대관계도 끈끈해진다.

아이의 꿈을 부모가 이끌지 않았으면 좋겠다. 아이와 함께 보내는 시간이 많아지면 자연스럽게 아이가 어떤 것을 좋아하고 어떤 분야에 흥미가 있는지를 알게 된다. 진로 교육이라는 것은 아이가 좋아하는 것을 부모가 같이 하고, 질문을 하면 잘 대답해 주고 같이 찾아봐 주는 것이다.

저자의 제자 중에 식물을 정말 좋아하는 아이가 있었다. 집안은 물론이고, 자신이 사는 아파트 화단에도 여러 가지 식물을 계절별로 심어 놓을 정도로 식물을 좋아하는 아이였다. 주말이 되면 부모님과 함께 식물 시장에 가서 꽃과 나무를 구경하고 구매하기도 했다. 또 도서관에 가면 정말 아무도 보지 않아 먼지가 가득 쌓여 있는 식물 백과사전을 빌려 한 장 한 장 꼼꼼하게 읽어 보았다. 아마 아이가 처음 식물에 관심을 가졌을 때 부모님께서 대수롭지 않은 반응을 보였다면 이렇게까지 식물에 관심을 가지지 않았을지도 모른다. 이 아이의 모습을 보면 그동안 부모님께서 애쓰셨을 모습이 보였다. 아이가 좋아하는 분야에 같이 관심을 가지고 활동하는 것이 아이의 긍정적인 자아 형성에 정말 큰 도움이 된다. 수업 시간에 그림을 그리는 활동이 있었는데, 다른 친구들은 전형적인 꽃과 나무의 모습을 그리는 반면, 이 아이는 나무 한 그루, 꽃 한 송이를 그냥 그리는 법이 없었다. 꽃을 그려도 수술과 암술을 그렸고, 식물의 뿌리를 그리며 원뿌리와 잔뿌리를 구분하여 세밀한 털을 묘사했다. 계절과 주제에 맞는 꽃들과 나무들로 그림을 채워 나가며, 쉬운 그림이 아니었음에도 자기가 좋아하는 것을 그림으로 표현하니 무척 즐거워하며 열심히 참여했다.

요즘엔 가위질과 색칠하는 방법을 가르쳐 주는 학원도 있다고 한다. 아이들은 자기가 좋아하는 분야에 파고들면서, 특별한 학원에 다니지 않고도 집에서 가족들과 많은 것들을 배울 수 있다. 학교에서 여러 가지 표현활동을 할 때 자기가 좋아하는 것을 활용한다면, 아이디어도 손쉽게 떠올릴 수 있고, 표현도 더 잘할 수 있다. 우리가 미술관에 가면 아는 만큼 그림이 보인다고, 아이가 관심을 가지는 곳에 부모가 같이 관심을 가지며 공부하고 탐구하여 함께 시야를 넓히길 바란다.

5) 잠으로 채우는 힘

요즘은 너무 늦게 자는 아이들이 많다. 부모님의 맞벌이로 인해 저녁 먹고, 공부하고, 놀다 보면 10시, 11시를 훌쩍 넘기게 된다. 그런데 충분히 자고 일어나야 아침에 학교 갈 준비를 여유롭게 할 수 있고, 하루를 여유롭게 시작할 수 있다. 늦게 일어나서 준비하게 되면 부모님의 빨리하라는 잔소리를 듣게 되고, 부모님이 아이 스스로 아침에 해야 할 일을 대신해 주기도 한다. 1학년부터 아침에 잠이 덜 깨서 겨우 학교에 온 아이는 수업에 참여하는 모습이 좋을 수가 없다. 한눈에 봐도 의욕이 없다. 시작이 달랐는데 하루 전체가 달라질 수 있다. 이 모든 것의 출발은 저녁에 일찍 자는 것부터이다.

수면에는 중요한 세 가지가 있다.

매일 정해진 시간에 자는 것

아이들은 생활에 규칙적인, 일정한 주기가 있어야 정서가 안정된다. 또 매일 정해진 시간에 자는 것은, 아무리 즐겁게 놀다가도 잘 시간이 되어서 행동을 멈추는 자기 조절 능력, 정해진 규칙을 준수하는 책임감, 시간에 대한 개념과 시간을 관리하는 방법 등의 능력도 키울 수 있다. 1학년부터 밤에 잠을 못 자고 공부하는 아이도 있다. 오늘 해야 할 일을 미루지 않고 끝내는 것도 중요하지만, 정해진 시간에 잠을 자는 것 또한 매일 지켜야 할 규칙으로서 중요한 부분이다.

충분한 시간 동안 자는 것

미국 수면 재단이 정한 어린이(만 6세~만 13세)의 적정 수면 시간은 9시간에서 11시간이라고 한다. 충분히 자고 아침에 기분 좋게 일어나야 뇌가 제대로 기능을 할 수 있고, 하루를 기분 좋게 시작하여 오늘을 더 잘 보낼 수 있다. 아이들이 학교에서 낯설고 두려운 상황, 여러 가지 스트레스 상황에 부딪히게 되는데, 밤에 충분한 쉼을 주어야 그 상황들을 더 잘 이겨 낼 힘을 얻게 된다.

편안하고 안정된 느낌으로 자는 것

 잠들기 전, 하루 동안 쌓인 부정적인 감정들을 털어내고 편안하고 행복한 느낌으로 자는 것도 아이의 정서발달에 중요하다. 자기 직전까지 미디어를 시청하다가 잠들게 놔두지 말고, 매일 일정한 수면 의식으로 안정된 느낌을 주며 잠을 자도록 한다.

6) 시시콜콜한 이야기

아이가 2학년 때 휴직을 하면서 하교하는 아이를 자주 데리러 갔었다. 그냥 아이와 함께 손잡고 걸어오며 시시콜콜한 이야기를 나누는 게 좋았다. 그런 이야기를 할 때 아이의 표정은 정말 밝고, 즐거워 보였다. 그런데 시시콜콜한 이야기란 누구의 관점일까? 우리 반 아이들이 이야기하는 것을 들으면 정말 저런 것에 왜 저렇게 즐겁게 웃으며 이야기할까, 하는 생각이 들 때가 많다. 어른들이 보기엔 별것 아닌 작은 일이라고 생각하는 것에, 그렇게 즐겁게 웃고, 노는 것을 보면 시시콜콜하다는 건 어른들의 관점이 아닐까는 생각이 든다. 우리가 하굣길에 나누었던 시시콜콜한 이야기가 아이에게는 그날 학교에서 있었던 일 중 가장 기억에 남는 중요한 이야기가 아니었을까. 그런 이야기를 부모가 들어 주지 않는다면 우리 부모님은 내 이야기를 잘 듣지 않는다고 생각하여 점점 입을 닫고 말 것이다. 잘 들어 주는 부모님이 계시는 집의 아이가 조잘조잘 말도 잘한다. 아이가 조잘조잘 이야기할 때 잘 들어 주는 것이 중요하지만, 집에서는 집안일 등 여러 가지 해야 할 일이 많아서 오롯이 아이의 이야기에 집중하기가 힘들다. 하지만 걷는 동안에는 별다른 할 일이 없으니 아이의 사소한 이야기에 귀를 기울일 수가 있었다.

요즘 아이들의 하굣길에는 여유가 없다. 부모가 데리러 와도 학원 가방을 바꿔 주느라 분주하고, 기다리면서 만난 학부모끼리 대화하느라 아이에게 집중할 시간이 부족하다. 가능하다면 하굣길만큼은 아이에게 집중해 주길 바란다. 함께 동네 구경도 하고, 나뭇잎 색이 변하는 것도 살피며 자연을 함께 느끼는 것만으로도 아이에게는 큰 안정이 된다. 학부모 상담을 하다 보면 아이가 보이는 문제 행동의 근본적인 원인은 가족 환경이 영향을 미치는 경우가 많다. 어쩌면 하굣길에 나누는 시시콜콜한 이야기들 속에서 아이의 정서가 안정되고, 문제 행동이 자연스럽게 줄어들 수도 있다.

7) 미디어 사용

　해가 갈수록 많은 1학년 아이가 교실에 앉아 있는 것을 무척 힘들어한다. 특히 수업 시간에 집중해서 듣는 것을 힘들어하는 학생들이 많아지고 있다. 여러 가지 원인이 있을 수 있겠지만, 그중에 하나가 '스마트폰'이라고 생각한다.

　아이들은 원래 심심한 것을 잘 참지 못한다. 하지만 때로는 심심하고 지루한 것도 견딜 수 있어야 한다. 어릴 때부터 심심하면 손에는 스마트폰이, 눈에는 재미있는 화면이 있었던 친구들은 그 습관이 그대로 남아 심심하고 지루하고 재미없는 것을 견딜 수 없는 아이가 되어 버렸다. 처음부터 심심하고 지루하고 재미있지 않은 것을 견딜 아이는 없다. 처음에는 울면서 짜증도 내지만 반복되는 상황에서 아이 스스로 노력하면서 그것을 견디는 힘도 생긴다. 그런데 심심하고 지루한 경험이 없었기 때문에, 그것을 견디는 힘도 없다. 심심함을 극복하기 위해 아이는 이것저것을 시도하면서 뇌의 창의력을 발달시키고, 자기 주도적 과제해결 능력을 발달시킨다. 심심함을 극복하고자 손에 쥐게 된 스마트폰으로 인해 어릴 때부터 미디어에 익숙해진 아이는 자극적인 재미에만 반응하는 뇌(팝콘 브레인)가 되어 버린다.

결론부터 이야기하면 어린 나이의 아이들에게 미디어, 특히 스마트폰은 사용하지 않는 것이 가장 좋다. 많은 요즘 아이들이 처음 미디어를 접한 때가 언제인지 생각해 보자. 식당에서 아이들이 지루해하거나 밥을 잘 먹지 않아서 보여 주고, 먼 거리를 이동할 때 지루하고 심심하다고 스마트폰을 보여 주곤 했을 것이다. 아이가 심심하다고 보채거나 울 때, 공공장소에서 다른 사람들에게 방해가 된다고 조용히 시킬 때, 처음 보여 주게 되었을 것이다. 아기가 가만히 있지 못하는 것은 당연하다. 아기가 어릴 때는 차라리 조용히 해야 하는 공공장소 등은 되도록 피하는 것이 좋다. 식당에서는 한 명이 먼저 밥을 먹고, 아이를 안고 밖에 나가는 방법이 더 현명하다고 생각한다. 스마트폰만이 최선이 아니고, 아이가 아직 어리다고 해서 배울 수 없는 것도 아니고, 스마트폰 없이 아이에게 견디는 힘을 기를 수 있도록 기회를 주시면 좋겠다.

우리 아이도 어릴 때, 특히 차를 타고 멀리 이동해야 할 때가 제일 힘든 시간이었다. 울며 보챈다고 카시트에 앉아 있어야 하는 아이를 안아 줄 수도 없고, 온갖 장난감이 될 만한 무언가를 주며 달래다가 목적지에 도착했을 때 보면 차 안이 엉망진창이 된 적이 많았다. 그러다가 견디는 시간이 점점 늘어서 3시간, 5시간, 7시간도 차를 타고 가며 가만히 앉아서 창밖을 구경하거나 음악을 듣는 아이가 되었다. 처음에는 부모가 놀아 주고, 게임도 하면서 도와주지만, 그렇다고 부모가 내내 놀아 줄 수는 없다. 견디는 시간을 점점 늘려 나가야 한다.

특히, 집에서 어린아이에게 오랜 시간 동안 스마트폰을 보여 주는 행위는 심하게 말해 '방치'에 가깝다. "우리 아이가 종일 유튜브만 보려고 해요. 어떻게 해야 하죠?"라는 질문을 하는 부모들이 있는데, 사실 답은 이미 나와 있다. 부모가 처음부터 스마트폰을 쥐여 주었기에 생긴 결과다. 이제 와서 습관을 끊어내려니 아이도 부모도 힘들어지는 것이다. 뇌 발달이 가장 중요한 이 시기에 소중한 시간을 스마트폰에 빼앗겨서는 안 된다. 초등학생 시기까지는 법적 보호자인 부모가 힘들더라도 적극적으로 개입하고 관리해야 훗날 아이가 건강하게 자랄 수 있다. 학습 능력을 기대하면서도 스마트폰을 쥐여 주는 것은 스스로 앞뒤가 맞지 않는 선택을 하는 것이다.

디지털 매체에 익숙해진 아이들은 책을 읽고 스스로 생각할 기회가 줄어들어 문해력 발달에도 치명적인 영향을 받는다. 하지만 요즘 아이들에게 스마트폰, 텔레비전, 컴퓨터 등은 떼려야 뗄 수 없는 기기가 되어 버렸다. 현재 학생들의 스마트폰 사용으로 인해 많은 문제점이 발생하고 있는 건 널리 알려진 현실이다. 학교 폭력, 스마트폰 중독, 게임 중독을 넘어서 도박, 마약 등의 사회적으로 심각한 범죄에 이르기까지 스마트폰은 아이들의 삶에 큰 영향을 끼치고 있다. 걱정스러운 것은 지금 1학년 아이들은 윗세대의 학생들보다 더 일찍 미디어를 접하고 코로나19 시기에 더 많이 미디어에 노출되고, 많은 아이가 스마트폰을 일찍부터 가지고 다닌다는 점이다. 교육부에서도 4학년을 대상으로 하던 '인터넷 이용 습관 진단조사'를 1학년까지 확대하여 시행하고 있다. 이것은 미디어 사용이 아이들에게 미치는 영향이 크고, 국가적으로도 심각하게 보고 있다는 것을 의미한다. 미디어 사용으로 아이들이 수업 시간에 바르게 앉아 집중하는 것을 매우 어려워한다. 단순히 미디어 사용을 떠나 아이의 학교생활 및 일상생활 그리고 몇 년 후의 아이의 모습에도 큰 영향을 끼친다. 특히, 자유로운 시간이 많은 방학 동안, 아이들의 미디어 사용에 꼭 관심을 두고, 분별력 있는 사용 습관을 기를 수 있도록 해야 한다.

1학년 담임을 하면서 실제 겪었던 일이다. 1학기를 지켜본 결과 몇 명의 아이가 수업 태도가 좋지 않아 학부모 상담을 했다. 그리고 여름 방학을 맞이했는데, 여름 방학이 끝나고 2학기가 되었을 때 그 아이들의 수업 태도가 너무 좋게 달라져 있어서 깜짝 놀랐다. 그래서 2학기 학부모 상담 기간에 그 비결을 여쭤보았다. 그랬더니 상담했던 모든 가정이 스마트폰(미디어) 사용을 줄이거나 아예 못 하게 했다는 것이 비결이었다. 어떤 분은 1주일에 한 번만 사용을 허락했고, 또 어떤 분은 아예 금지하도록 하셨다.

아이에게 문제가 있는 경우 가장 먼저 해 볼 것은, 아이와 의미 있는 시간을 보내는 것과 미디어를 끊는 것이다. 평소에 자극적이고 재미있는 미디어에 많이 노출되어 있는 아이들은 그만큼의 자극이 뇌에 들어와야 반응하게 된다. 화려한 화면보다 자극이 덜한 책과 학교 수업은 집중하기가 어렵다. 미디어를 많이 본 아이들의 작품에는 폭력적인 그림, 게임 그림 등을 많이 볼 수 있다. 미디어를 거의 접하지 않는 아이와 많이 접하는 아이의 말과 행동은 너무나 다르다. 미디어가 아이의 발달에 많은 영향을 끼치고, 공부, 성격, 말, 행동 등 거의 모든 영역에 영향을 끼친다.

만약 이미 아이에게 스마트폰을 사 주었다면, 어떻게 사용하는지 차근차근 알려 주어야 한다. 당장 스마트폰을 사용하던 습관을 끊는다는 것은 너무나 어려운 일일 수 있으므로 어떤 규칙을 가지고 사용하면 좋을지 알려 주고 함께 약속할 수 있어야 한다.

사용 시간 관리하기

중독이라는 것은 매일 생각이 나고, 하고 있지 않을 때도 생각이 나는 것이다. 미디어에 매일매일 노출된 아이들은 하고 있지 않을 때도 미디어 생각이 날 가능성이 크다. 그래서 매일 짧게 게임을 하거나 영상을 보는 것보다, 일주일에 특정한 요일과 시간을 정해서 그날 몰아서 하는 편이 차라리 낫다. 중독을 예방하기 위해서이다.

스마트폰 사용 교육하기

아이의 연령대에 맞지 않는 영상을 보고, 게임을 하면 아이들의 말과 행동 및 뇌 발달에 큰 영향을 끼치게 된다. 실제로 아이들이 쓰는 나쁜 말이나 아이들이 따라 하는 좋지 않은 행동은 그 의미도 모르면서 사용하는 경우가 많다. 어린아이들은 보고 들은 그대로 흡수하여 그 말과 행동이 잘못된 것인지도 모르면서 사용하기 때문에 초등학교 1학년 나이에 맞는 영상 시청이나 게임을 할 수 있도록 해야 한다.

올바른 스마트폰 사용 교육에 반드시 포함되어야 할 것

1. 아이들의 나이에 맞는 영상을 시청하고 게임하기(유해 콘텐츠 차단)
2. 인터넷 사용 예절을 지키기
3. 개인 정보 보호하기

부모와 소통하기

- 부모는 아이가 스마트폰으로 무엇을 하는지 꼭 알고 있기

아이 혼자 스마트폰을 사용하는 것은 매우 위험한 일이다. 현재는 스마트폰으로 하는 것이 '1' 정도라면, 아이가 한글을 알고 스마트폰을 더 능숙하게 다룰 수 있다면 스마트폰으로 하는 것이 '10', '100', '1000'으로 늘어날 것이다. 또한, 해가 갈수록 더 재미있고 자극적인 것을 찾을 것이다. SNS 채팅도 하기 시작할 것이다. 이때, 부모의 적절한 코치 없이 아이 마음대로 스마트폰을 사용한다면 아이에겐 되돌릴 수 없는 길이 될 수 있다. 휴대폰으로 많은 것들을 하는 세상이 되었기 때문에 중고등학생들 사이에서 마약, 도박, 음란물 등의 문제가 많이 발생하고 있다. 그래서 아이가 스마트폰으로 무엇을 하며, 어떻게 사용하는지 꼭 알고 있어야 한다. 아이들은 미성년자이고 아직 어리기 때문에 스마트폰을 현명하게 사용하는 방법을 모르

고, 여러 가지 문제 상황에서 대처법 등도 잘 모른다. 부모가 스마트폰을 아이에게 줌으로써 당장은 아이들을 양육하기에 편할지 모르겠지만, 먼 미래를 생각하여 아이들이 분별력 있게 스마트폰을 사용할 수 있도록 힘을 길러 주어야 한다.

- 부모와 함께 이야기 나누며 사용하길 권장

아이들이 스마트폰을 사용하는 시간이 많아지면서 부모와의 대화 시간이 점점 줄어들고 있다. 부모와 함께 미디어를 보면서 대화를 나누면 더욱 좋다. 부모와 함께 이야기를 나누며 사용하면서, 생각하는 힘도 기르고, 자기 표현력도 키우고, 듣는 훈련도 하길 바란다. 아이가 좋아하는 텔레비전 프로그램, 유튜브 영상을 소재로 이야기를 나누고, 등장하는 인물, 영상의 내용에 관해 아이와 생각을 나누고 토론도 할 수 있다.

8) 사랑과 훈육의 줄다리기

   부모가 가정에서 가장 먼저 해야 할 일은 아이를 정서적으로 안정시키는 일이다. 시간적 여유를 가지고 아이와 함께 바른 생활 습관과 바른 학습 습관을 형성하도록 애쓰면서, 부모와 같이 충분히 많은 시간을 보내며 정서적 유대감을 쌓아 가면 아이는 학교생활에도 자연스럽게 잘 적응하게 된다.

   아이가 사랑받고 있다고 느끼는 것은 부모의 훈육, 학교에서의 어려움, 어떤 시련이 와도 스스로 이겨 낼 힘이 되는 가장 중요한 기반이다. 심지어 없는 힘도 만들어 내는 원천이 된다. 아이들은 부모와 함께 있는 시간을 가장 즐거워하고 소중하게 여긴다. 지금까지 이야기한 모든 것의 바탕은 결국 부모의 사랑이다. 특히 가족 간의 끈끈한 유대감은 인생에서 크고 작은 시련을 이겨 낼 근본적인 힘이 된다.

물론 아이들의 바른 습관 형성을 위해서라면 단호한 훈육도 필요하다. 위험하거나, 예의에 어긋나거나, 다른 사람에게 피해를 주는 행동은 단호하게 훈육해야 한다. 그러나 놀이터에서 흙을 만지려고 할 때 더러워질 수 있다고 과도하게 통제하면서, 미끄럼틀을 거꾸로 타고 있는 것을 내버려둔다면 이것은 훈육의 기준이 잘못되었거나 뚜렷한 훈육의 기준이 없는 것이다. 어떤 것을 통제해야 하고 어떤 것을 허용해야 하는지 부모가 구분할 수 있어야 한다. 그 기준은 앞서 말한 1) 위험하거나, 2) 예의에 어긋나거나, 3) 다른 사람에게 피해를 주는 행동인지 아닌지이다.

이러한 훈육이 효과를 가지려면 부모와 아이 간의 안정적인 애착 관계가 바탕이 되어야 한다. 아이의 문제가 변화하는 과정에서 가장 크게 작용하는 힘은 결국 부모와 함께 보내는 시간과 그 안에서 쌓아 가는 신뢰와 유대이다. 따뜻한 가정 안에서 사랑을 기반으로 한 훈육이 이루어질 때, 아이들은 오히려 안심하고 규칙을 받아들인다.

다만, 부모와 아이의 관계가 깊어졌다고 해서 친구 같은 부모가 되어서는 안 된다. 부모는 부모의 역할을, 아이는 아이의 역할을 분명히 해야 한다. 어리광을 받아 주는 것과 예의 없는 행동을 허용하는 것은 엄연히 다르다. 학교에서 아이들의 생활 모습을 보면 가정에서의 교육 결과가 그대로 드러난다. 부모가 아이에게 꼼꼼히 가정교육을 시킨 아이와 그렇지 않은 아이의 차이가 드러난다. 같이 놀 때는 즐겁게 놀더라도, 훈육해야 할 때는 단호하고 분명하게 하지 않으면 부모의 권위가 서지 않는다. 혼을 많이 내면 부모를 무서워하고 사이가 멀어질까 두려워하시는 분들이 계시는데, 아이들은 신기하게도 적절한 테두리 안에 정해진 규칙이 있을 때 더 안정감을 느끼고 잘 논다. 학교에서도 마냥 자유만 주면 사고가 일어난다. 모든 것을 허용하고, 원하는 대로 다 해 주면 안 된다. 아이의 자존감을 위한다고 아이가 하고 싶은 대로 내버려두거나 잘하지 못한다고 대신해 주면, 스스로 해야 하는 학교생활에서는 오히려 자신감이 없어진다. 아이는 힘들고 하기 싫고 귀찮은 것을 끝까지 인내해서 하고 용기를 내면서 한 단계 성장한다.

 훈육은 일관되게, 습관 형성은 더더욱 꾸준하게 하도록 가르쳐야 한다. 하다가 며칠만 중단되어도 다시 돌아가기 때문에 일관적이고 지속적인 실천이 중요하다. 저학년 아이들은 아직 부모의 말을 듣고, 시키면 시키는 대로 하는 편이다. 그런데 학년이 올라가서는 결국 스스로 생각하며 해야 하는데, 부모가 시키는 대로 하거나 부모가 대신해 주었던 아이는 어떻게 해야 할지를 모르게 된다. 답답해진 부모는 이제라도 습관을 바로잡으려고 하지만, 마음먹은 대로 되지 않는다. 단호한 훈육, 일관된 원칙, 부모의 권위를 생각하자.

즐거운 시간을 함께 보낼 때는 한없는 사랑을 베푸는 부모가 되어 주지만, 훈육할 때는 권위 있는 부모가 되어 아이가 험한 세상을 살아갈 지혜와 힘을 키워 주어야 한다.

마무리하며

결론을 맺는다. 앞서 많은 주제의 이야기를 다루며, 내용의 방대함과 실천의 막막함을 느끼는 독자들이 있을지도 모르겠다. 저자는 학부모 상담을 오랫동안 진행하며 깨달은 바가 있다. 아이들이 보이는 문제 행동의 원인은 다양하지만, 해결책은 항상 비슷하다는 것이다. 바로 다음 세 가지를 꾸준히 실천하는 것이다. 이것이 바로 기본 생활 습관과 기본 학습 습관을 자연스럽게 형성하는 지름길이다.

1) 함께 만든 시간

부모도 최선을 다하는 것일 뿐 완벽할 수는 없다. 부모가 아이의 옆에 있어 주는 것만으로도 아이는 든든한 느낌을 받는다. 아이들을 바뀌게 하는 힘은 부모가 관심을 갖고 아이와 함께 시간을 보내는 것이다.

보건복지부에서 주관하는 '100인의 아빠단'이라는 프로그램이 있다. 지역별로 100명의 아빠들을 모집하여 온라인상의 멘토 아빠들이 매주 미션을 주고, 그 미션을 수행하여 커뮤니티에 글을 올리는 프로그램이다. 아이가 어릴 때 우연한 기회에 '100인의 아빠단'을 알게 되었고, 매주 미션을 올리며 '우수아빠상' 등의 상을 받기도 했었다. 그 미션을 수행하면서 가장 많이 느낀 점은 가족이 함께 특별히 어디를 가는 것보다 일상에서 소소한 즐거운 활동들을 많이 하고, 아빠와 좋은 관계를 맺는 것이 아이의 정서발달에 큰 영향을 끼친다는 것이었다. 그것이 저자가 육아휴직을 많이 한 가장 큰 이유였다. 육아휴직이 끝난 지금 돌이켜 보면, 아이와 보냈던 그 시간들이 아이의 정서발달에 정말 큰 영향을 끼쳤구나를 절실히 느낀다.

글을 쓰며 저자가 1학년 담임을 처음 맡아 가르치던 때를 되돌아보았다. 고학년만 하다가 1학년을 처음 맡았을 때 정말 고민이 많았다. 생활지도는 어떻게 할 것인지, 학습은 어떻게 가르쳐야 하는지, 특히 1+1=2, ㄱ과 ㅏ가 만나서 '가'를 가르치는 것이 너무 고민이 되었다. 이 쉬운 내용을 아이의 입장을 생각하며 어떻게 가르칠 수 있을까에 대한 생각을 많이 하였다. 그래서 책도 읽고, 강의도 들어 보고, 지도서도 많이 읽어 보았다. 입학을 앞둔 부모님의 심정도 이와 비슷하다고 생각한다. 그냥 좋다는 학원에 맡겨 버리거나, 무작정 주변의 이야기를 듣고 어떤 교육을 시작하기보다, 충분히 고민하고 육아와 관련된 책도 읽으며 우리 아이에게 정말 필요한 것을 채워야 한다.

1학년 교실에서는 책 속의 이론을 아이들과 손으로 만지고, 입으로 소리 내고, 몸으로 움직이며 수업했다. 구체물과 실제 경험을 바탕으로 한 학습이 결국 아이들에게 가장 잘 남는다. 부모 역시 아이와 함께 손으로 만지고, 함께 해 보며 공부하는 시간을 게을리해서는 안 된다. 아이와 보내는 의미 있는 시간만큼 아이와의 관계는 깊어진다. 학부모 상담 시 "우리 아이에게 그런 모습이 있어요? 그럴 리가 없는데…." 하는 경우는 대개, 부모가 아이와 시간을 많이 보내지 못하는 경우가 많았다. 아이가 부모와 보내는 시간의 질과 양, 모두가 중요하다. 시간을 보내다 보면 더 노력해야 할 점이 보이고, 어떻게 해야 할까를 고민하게 되고, 이런저런 책도 찾아 읽게 된다. 저자도 처음부터 글을 써야지, 아이를 이렇게 키워야지 하고 생각한 것이 아니다. 교실에서 아이들과 시간을 많이 보내다 보니, 아이를 키우며 아이와 시간을 보내다 보니 여러 가지 생각을 하게 되었다. 여러 가지 일을 겪으면서 고민하게 되고, 반성하게 되고, 더 나은 방법을 찾아 보는 것이다.

특히, 학부모 상담을 해 보면 부모가 아이에게 노력하는 만큼 결과가 나타나게 된다는 것을 더욱 잘 느낄 수 있었다. 지금 저자가 쓰고 있는 이 글의 내용도 세상 모든 아이에게 적용되는 정답은 아닐 것이다. 육아에는 아이들마다의 답이 있는 것 같다. 부모도 어떤 때는 '과연 이것이 정답일까?'하고 생각할 때가 있지만, 노력하는 것이 중요한 것이다. 부모가 애쓰고 노력하는 것을 아이들도 알고 있다. 아이마다 쉽게 하는 것이 있고, 시간이 오래 걸리는 것도 있다. 잘 안된다고 내팽개치거나 포기하지 말고, 잘하는 것은 더 잘할 수 있게, 부족한 것은 차근차근 성장할 수 있게 도와주어야 한다. 그것이 부모의 역할이다. 저자가 책에서 말하고 있는 것은 많은 정답 중 하나의 예시이니, 우리 아이에게 적합한 것을 찾아 행하면 좋겠다.

아이와 시간을 보내는 것은 분명 노력이 필요하다. 부모도 피곤하고 귀찮을 수 있다. 그렇지만 우리 아이는 내 손에 달려 있다고 생각해야 한다. 그런 생각에 미친다면 결코 그냥 있지만은 못할 것이다. 아이가 부모와 보내는 시간을 어떻게 기억하나? 어린데 뭘 기억한다고? 하고 생각하실지도 모르겠다. 그렇지만 감정의 기억으로 남아 평생을 지탱해 주는 정서적 자산이 된다. 어린 시절 부모와 함께 바닷가에서 모래를 밟던 행복한 감각, 공원에서 바람을 맞으며 뛰놀던 따스함, 이런 기억들이 아이의 내면에 깊이 자리 잡아 성장의 자양분이 된다.

'식물의 한 살이'를 생각해 보자. 씨앗에서 새싹이 나고, 줄기가 자라고, 꽃이 피고, 열매가 맺히는 것이 '식물의 한 살이'다. 식물이 잘 자라기 위해서는 무엇이 필요할까? 물, 햇빛, 흙, 공기, 바람 등이 있어야 할 것이다. 이것을 한 아이가 어른이 되는 과정에 비유해 보면 다음과 같다. 씨앗이 싹트는 데 가장 중요한 조건은 '물'이듯이, 아이가 학교에 내딛는 첫걸음에서 가장 중요한 것은 '부모의 사랑'이다. 싹이 튼 다음, 물을 적절히 주는 것도 중요하다. 넘쳐서도 안 되고, 그렇다고 부족해서도 안 된다. 아이에게 부모의 사랑을 적절히 주는 것이 중요하다. 너무 넘치는 사랑에 아이가 스스로 하는 것을 대신해 주거나, 아이의 생활 하나하나를 간섭하게 되면 아이는 의존적인 성향을 지니게 되고 자신감이 없어진다. 지나치게 허용적인 태도로 아이 마음대로 하게 하여 기본 생활 습관과 기본 학습 습관을 갖추지 못한다면 아이는 학교 및 바깥 생활에서 어려움을 겪게 된다. 또한 부모의 사랑이 너무 부족하면 자존감이 떨어지거나 다른 사람에게서 끊임없이 관심을 받고 싶어 하는 경우가 나타난다. 식물은 물과 함께 햇빛, 흙 등이 적절히 조화를 이루면서 풍성한 열매를 맺게 된다. 같은 맥락으로 아이는 '부모의 사랑'을 바탕으로 학교생활을 시작하면서, 선생님, 친구들, 학원 등의 여러 가지 주변 환경과의 조화를 통해 훌륭한 어른으로 성장하게 된다.

부모라면 누구나 아이에 대해 걱정이 많다. 어떤 부모도 정답을 알고 키우는 사람은 없다. 중요한 것은 꾸준함이다. 오늘 당장 열매가 맺히지 않아도 물을 주고 빛을 주며 키우다 보면 반드시 결실의 때가 온다. 아이 역시 금방 변하지 않는다. 몇 번 해 보고 "우리 아이는 안 돼."라고 포기한다면 아무 소용이 없다. 결국 육아는 '지속성의 싸움'이다. 매일, 꾸준히, 일관되게. 이것이 부모가 가져야 할 마음가짐이다. 그렇게 묵묵히 사랑을 주고 성장의 밑거름을 쌓아 올리면 언젠가 기적처럼 열매 맺는 날이 찾아온다.

2) 독립성 키우기

학교에서 준비물이 필요할 때, 학생들에게도 안내하고, 알림장에도 미리 안내한다. 그런데 당일에 준비물을 안 들고 오는 학생들이 대개 하는 말은 "엄마가 안 챙겨 줬어요."이다. 준비물이 필요한 사람은 누구인가? 학생 자신이다. 그럼 준비물은 누가 챙겨야 하는가? 부모가 준비물을 챙겨 주지 말고, 알림장을 같이 읽으며 같이 가방에 넣기를 바란다. 아이가 스스로 하려고 할 때 시간이 걸리더라도 기다려 주길 바란다. 부모의 역할은 스스로 할 수 있도록 지켜보고 돕는 역할이어야 한다.

학원을 어디 어디 다니고, 뭘 더 배우려고 하는 그런 것들에만 관심을 쏟지 말고, 꾸준히 혼자 하는 힘을 길러 주어야 한다. 공부든 생활이든 스스로 하는 습관이 중요하다. 학교는 자기 스스로 하는 곳이다. 독립심이 잘 발달되어야 학교생활을 잘할 수 있다. 교실과 복도에서 지켜야 할 규칙을 스스로 생각하여 생활하고, 수업 시간에 지켜야 할 규칙을 스스로 생각해서 활동하고, 활동에 최선을 다하는 태도가 필요하다. 학교생활을 스스로 잘하기 위해서는 가정에서 '기본 생활 습관'과 '기본 학습 습관'을 잘 형성해야 한다. 아침부터 자기 전까지 스스로 하는 일을 스스로 하는 힘을 길러 주길 바란다. 아이들의 삶은 연속적이기 때문에 평소 생활 습관이 바른 아이들이 학교에서도 바르게 생활할 수 있다.

3) 학습은 구체물로

마지막으로 다시 한번 더 강조하고 싶은 내용이다. 학습할 때는 반드시 '구체물'로 공부해야 한다. 단순한 지식 암기 위주의 공부는 이 아이들의 발달 단계에 전혀 맞지 않는다. 문제집을 많이 풀고, 영어 단어를 외우는 것보다 배운 것을 학교 수업 시간에 잘 사용하고, 일상생활에서 잘 실천하는 것이 중요하다. 아이들은 몸으로 직접 체험하고 손으로 만져 보고 실제로 실천하면서 배운 내용을 훨씬 더 오래 기억한다. 그리고 그 배운 것을 수업 시간이나 일상생활에서 자연스럽게 활용해 낸다. 지금 이 시기의 학습은 머리로만 하는 공부가 아니라, 온몸으로 체험하는 공부가 되어야 한다.

맺음말 | 아직, 닿지 않은 내일에게

　이 책을 읽는 동안, '그럼 이 책을 쓴 저자의 아이는 완벽한 아이인가?' 하는 궁금증을 가졌던 독자가 있었을지 모르겠다. 답은 '전혀 그렇지 않다.'이다. 완벽하다면 그건 로봇이 아닐까? 나조차도 완벽한 사람이 아닌데 자라나는 아이가 완벽할 수 없다. 그렇지만 중요한 것은 아이의 부족한 점을 알고 끊임없이 도와주려고 노력하는 부모일 것이다. 아이를 위해 고민하는 것만으로도 아이의 성장에 큰 긍정적인 영향을 끼친다고 생각한다. '놔두면 알아서 크는 게 애들이지.' 저자는 그렇게 생각하지 않으며 이 책을 썼다. 어린 나이의 아이일수록 아이를 돌봐 주는 부모의 영향을 많이 받는다. 부모가 보는 대로 세상을 보고, 부모의 가치 판단을 흡수하며 세상을 알아 나간다. 학교생활, 단체생활, 사회생활을 하는 동안에도 많은 것들을 보고 배우고 흡수하겠지만, 학교에서 배운 것을 적용하고 습관화하는 것은 가정의 몫이다. 내가 그동안 바른 삶을 사는 어른이 아니었더라도 '부모'가 되고 나서는 아이가 볼 때는 바른 어른이 되어야 한다는 마음으로 이 책을 썼다. 너무 완벽을 추구하면 지치고, 너무 부족하면 학교생활 적응이 힘들어진다. 아이와 함께 보내는 즐거운 시간을 80-90% 정도 채우고, 훈육과 지도가 10-20% 정도 섞여야 아이는 안정감 속에서 바른 습관과 규칙을 익혀 나갈 수 있다고 생각한다. 아이를 바른 어른으로 키우는 것은 부모가 아이 옆에서 한 걸음씩 같이 걸어 주는 과정이다. 어릴 때 형성된 습관과 태도는 어른이 되어서도 이어진다. 처음에는 힘들 수 있지만, 잘 만들어 놓은 습관은 결국 부모도 편하게 해 줄 것이다.

'천 리 길도 한 걸음부터'

조급해하지 말고,
그러나 꾸준히
천 리 길을 한 걸음씩 걸어 나가길 바란다.

학교로 내딛는 첫걸음

ⓒ 정석민, 2025

초판 1쇄 발행 2025년 9월 22일

지은이	정석민
펴낸이	이기봉
편집	좋은땅 편집팀
펴낸곳	도서출판 좋은땅
주소	서울특별시 마포구 양화로12길 26 지월드빌딩 (서교동 395-7)
전화	02)374-8616~7
팩스	02)374-8614
이메일	gworldbook@naver.com
홈페이지	www.g-world.co.kr

ISBN 979-11-388-4735-3 (03370)

- 가격은 뒤표지에 있습니다.
- 이 책은 저작권법에 의하여 보호를 받는 저작물이므로 무단 전재와 복제를 금합니다.
- 파본은 구입하신 서점에서 교환해 드립니다.